人生が劇的に変わる

スロー思考入門

香山リカ

ビジネス社

ご注意

自分に自信のある人、
もっと成長したいと前向きに日々をがんばっている人は、
決してお読みにならないでください。

新書版まえがき

世の中のスピード化は、ますます進んでいます。

昨日もちょっとした飲み会があったのですが、その場で誰かが「えーと、あの作家の名前なんだっけ…ほら、紀行小説で80年代の若者のカリスマになって…急行いや寝台車…」と言うと、その場にいる人はいっせいにスマホやタブレットにキーワードを入れて検索スタート。5秒後にはひとりが「『深夜特急』の沢木耕太郎!」と〝正解〟を口にしたのです。

若い人にとっては「それはあたりまえだろう」と思うかもしれませんが、私のようなどっぷり昭和育ちの人間にはビックリ。「昔は、えーとあでもないこうでもない、とあれこれ思い出して、家に帰って2日くらいしてから〝沢木耕太郎〟という名前が記憶の底からよみがえったりしたものだった」などとしみじみしました。

もちろん、こういうＩＣＴ（情報通信技術）がもたらしたスピード化は、効率もよいしモヤモヤ感も少ない。知識も正確に身につきます。

でも、これって人間の脳やこころの自然のスピードをはるかに超えている気もするのです。長いあいだ、人間のこころとかただは「えーとえーと、そうそう」と時間をかけてものを考えたり思い出したり決めたりするのに適応してきたのに、2秒か3秒で「はい、答え出して！　はい、決めて！」と迫られる。それはたいへんなストレスです。

最近、私が仕事をしている精神科の診察室には20代の若いビジネスマンや30代の子育て中の女性などもよくやって来るのですが、この人たちがストレスでヘロヘロになっている理由のひとつが、このスピード化による〝即断即決社会〟にあるように思います。

この本は、「いや、本当に大切なことは時間かけていいんじゃないの」「そんなに自分のこころやからだに無理をさせなくていいでしょう」ととくに若い世代のビジネスパーソンたちに問いかけたものです。本書がはじめて世に出たのは2009年なのですが、このICTによるスピード化時代に、今こそ「ときにはユルユル行きましょうよ」というメッセージを発信する必要があると考え、内容を〝いまどき〟にあわせて書き換えるなどして再び読んでいただくことになりました。

こんなときだからこそ、あわてずゆっくり、自分をいたわりながら。

世界を見わたしても、一セの情報を猛スピードで拡散する「フェイクニュース」に対抗して、ゆっくり時間をかけて検証し、事実を伝える「スローニュース」の価値が見直されています。これは、ビジネスや生活でも同じです。

精神科医がお届けする先のばし生活やスロー思考のススメ、ぜひお読みください。

著者

まえがき

私は、世間からは「忙しい人」と思われているようです。

たしかに、医者をやって、大学の教員をやって、そのほかに本を書いたり講演を行ったり。そんな人がいるという話を聞いたら、私もつい「へえ、お忙しいでしょう」と言ってしまうかもしれません。

ところが、私はそれほど忙しくないのです。少なくとも、気持ちの上では「永遠のヒマ人」だと自分のことを思っています。

それは、なぜか。

ひとつには、私はその日のことしか、考えていないから。「今日は大学に行って、2コマ授業をしたら速攻、病院に向かい、30人の予約患者さんの診察を終えて、近くのカフェで雑誌の取材をひとつ受けたら、仕事はそれで終わり!」と朝から一日の終わりのことを考えて、それを楽しみにその一日をやりすごします。「ああ、明日も明後日もこの気ぜわしい日が続くんだ」とは考えないようにしながら。

それって、ただの逃げ？

そんなバカバカしい方法で自分をごまかして、「あー、私の毎日ってお気楽」と思えるわけ？

……そんな声が聞こえてきそうです。

本当にただのごまかしなのかどうかは、これから先を読んでご判断ください。もっとがんばって、もっと時間を有効に使って、もっと高みを目指して、といった自己啓発書には「ちょっとチガウ」と感じていたあなたも、きっと「なるほど、こんな手があったのか！」とうなずいてくれるはずです。

2009年6月

香山リカ

2章 心がラクになる悩みリセット術

3章 誰とも割り切ってつきあう人間関係術

4章　ひとりでもできる、人生を謳歌する方法

本書は２００９年７月に小社より刊行した『大事なことは先のばししなさい』を改題、大幅に加筆した新書版です。

1章

即断即決しない
先のばし仕事術

仕事をするのに
手帳はいらない

毎年、年末や年度末になると、ビジネス雑誌では「私の手帳活用術」といった特集が組まれます。

まずその年の目標を10個書こうとか、「新しい年末にはこうなっていたい」という自分の姿を最終ページに書いておこうとか、あるいは毎月の流れをひと目でチェックできるような書き方をしようとか、ビジネスや学問の達人が、それぞれ独自の「手帳活用法」を披露しているのを見るのは、私も大好きです。

そんな話をしていたら、知人の編集者に「そうだ、精神科医の手帳活用術、というのはおもしろいかもしれない。カヤマさん、今度、ウチの雑誌で手帳について原稿を書いてください。よかったら実際の手帳のページを写真で載せましょう」と言われたことがありました。

私は、言葉につまってしまいました。

なぜなら、私は手帳を持っていないからです。

30代のときは、ある製薬会社が「年末のごあいさつ」としてくれる手帳を愛用していましたが、その後、病院の方針で「製薬会社からのもらいものは利益供与につながるから禁止」となってしまい、使い慣れた手帳が手に入らなくなりました。そして、「まあ、そのうちどこかで買おうか」と思っているうちに年が明け、3カ月、半年、5年、10年……と時間がたち、〝私の手帳ライフ〟は自然消滅してしまったのです。

手帳を持つのをやめてみると、それほど生活に不自由がないことがわかりました。毎週の基本スケジュールは、病院に行って大学に行って……と決まりきっています。

友人との食事やコンサートなどの予定は、小さな付箋に書いて持ち歩いているパソコンのキーボードに貼っておきます。そして、それが終わったら付箋は捨てる。たまにコピー用紙の裏にメモしたものを持ち歩くこともありますが、それも用事が終わったら捨てます。基本的には、それだけでほとんどのスケジュール管理ができます。

私の場合、講演やテレビ出演など臨時の仕事もときどきあるのですが、それだけは忘れるわけにいきませんから、秘書がスケジュール帳に書き込んでくれています。しかし、そのスケジュール帳も持ち歩きません。そのスケジュール帳は見開きに1週間分が書き込めるようになっているので、臨時の予定がある毎週末、次の週の分だけをコピーしてこれまた書類ファイルにはさんでおくことにしています。

「1カ月後、あいてる？」と突然、出先できかれると返事に困るのですが、「じゃ、返事はメールで」と言ってあとからスケジュール帳を確認すれば、それですむことです。

もちろん、手帳がなければ長期計画を立てたりその年全体を振り返ったりするのはむずかしくなりますが、あえてそんなことをする必要はあるでしょうか。とりあえず今週と来週をしっかり生きる。これで十分だ、と私は考えています。

手帳が先々まで埋まっていなければ不安で……と話す人を見るたびに、「いっそのこと、手帳を持つのをやめてみたら？　私みたいに」と言ってあげたくなる私です。

オリジナリティは
なくてもいい

私は、精神科医のほかに大学の教員という仕事もしています。私自身が出た医学部では、卒業論文は課せられません。医師国家試験というハードな試験が待っているからです。

ところが現在、勤務している大学では学生は卒業論文を書かなければならないので、私は経験もないのに学生の論文指導をしなければならない、という事態に陥っています。これがなかなかたいへんなのです（指導される学生もたいへんでしょうが）。

学生がいちばん頭を悩ますのは、テーマ選び。卒業論文の全体ガイダンスでは「独創性ある論文が望ましい」「自分にしか書けないテーマを選ぼう」などと指導されるので、彼らはさらに混乱します。

「独創的なテーマってどうすれば見つかりますか」

「オリジナリティがなければダメなんですよね」

こう質問してくる学生に、私は黙って一冊の新書をさし出します。その本の表紙に並んでいるのは、こんな文字です。

『ぎりぎり合格への論文マニュアル』。

書いたのは、中世スコラ哲学の研究者で、大学教授でもある山内志朗《やまうちしろう》氏です。山内氏の書くスコラ哲学の研究書は決して読みやすいものではありませんが（ウソです、はっきり言ってまったくわからないほど難解です）、この論文マニュアルは実にわかりやすい。帯に書かれているのは、これが大学の教授の発言か、と目を疑うようなフレーズです。

「論文に『独創的な考え』や『オリジナリティ』など必要ない。必要なのは、論文という『形式』にしたがって書くことだけ。本書は、卒論や小論文試験に最小限の努力で合格したいという、そんな『要領のいい人』のための実践指南である」

そして本文には、その「形式」に沿っていかに無駄を省き、見られる論文を仕立て上げていくかが、ユーモアたっぷりに書かれているのです。

もちろん学生が本書通りに卒業論文を書くかどうかは別として、まずは「オリジナリティなど必要ない」という言葉にショックを受け、脱力感さえ覚えるようです。そこで私はすかさず、言います。

「ね、いいんだよ、独創性になんてこだわらなくても。まあ、せっかく研究とか論文執筆という大義名分のもとに時間を好きに使えるんだから、好きなことをやっておもしろいことをテーマしたほうが得だよね」

そうすると多くの学生は、「そうかあ。じゃ、僕はいつもお笑い番組ばかり見て親に怒られてるんで、お笑いでも研究してみようかな。そうすれば、卒論の勉強だ、と言ってお笑い見放題ですよね」などと、それぞれのテーマを見つけることができるのです。

そこで、テンポよく「ほう、お笑い。それはいいね。で、お笑いの何に的を絞ろうか」と畳みかけて質問すると、「うーん、シュールなギャグでなぜ人は笑うのかの心理、というのはどうかな」などと、意外にオリジナリティあふれるテーマが飛び出てくることも多いのは驚きです。

つまり、オリジナリティにこだわっている限り、それはなかなか自分の中から現れることはない、ということかもしれません。ところが、ちょっと肩の力を抜いて「オリジナリティなんか必要ない」と思った瞬間、すでに自分の中に用意されていた自分にしかできない発想やアイディアが、ポロリと出てくるものなのです。

それでも独創的な考えがどうしても出てこない人も、心配する必要はありません。

だいたい、本当にオリジナルな意見や考え方があるのか、ということも怪しいのです。自分ではいくらオリジナルな考え方だと思っても、人間が考えることのほとんどは、実はすでに世界のどこかで誰かが考えたり実践したりしていることなのではないでしょうか。

私も、こうやって書き下ろし本を書くときには、その期間中、あえて書店に足を向けないようにしています。なぜなら書店に行くと、すでに類似書が山のように出ていることに気づき、「ああ、もう私が新しく言うことなど何もない」と自信を失って書けなくなってしまうからです。まさに、「知らぬが仏」の心境です。

もちろん最低限の必読書などは参考にしますが、あとはなるべく思うがままを書いていきます。しかし、それでも編集者に「カヤマさん、この内容、このあいだ○○先生が出した本にそっくり同じようなことが書かれてましたよ」などと指摘されることもあります。

それは偶然かもしれないし、どこかで読んだことが記憶に残っていたのかもしれません。でも深く考えずにそのときは、

「あ、やっぱり誰かが言ってるよね、こんなこと」と書き直すことにしています。

「私の方が先に考えついたんだ！」などとこだわることはありません。

自分の意見がオリジナルだなどと私はまったく思っていないので、「これ、すでにありますよ」と言われたら、「やっぱり」とすぐに受け入れてしまうのです。

先ほどの山内教授のマニュアル本にも、すでに語りつくされているテーマをオリジナルなものに見せかけるためのテクニックがたくさん書かれています。どんなに考えても何もアイディアが浮かばない。でも何か書かなくては、というときには、そういうありがたい参考書を読めばいいでしょう。

ちょっとしたことを思いついては、「これは私のオリジナルのアイディアだ」と自負したり吹聴したりする人よりは、「私には独創性がいまひとつなくて」と自覚できる人のほうが、ずっと正しく世の中を見ていると言えると思います。もちろん、少しでもオリジナリティのある意見や発想を思いつく可能性も、後者の側の人のほうにあることは言うまでもありません。

頭がよくなる勉強法など存在しない

読者の方からときどき、「本を書くとき、カヤマさんはどうやってテーマを決めるのですか」と質問されることがあります。

そうきかれるたびに「うーん、どうやって決めるんだっけ」と考えるのですが、なかなか思い出せません。私の場合、いつも「どうしても次はこれが書きたい」というはっきりした意思や方針がないので、編集者の方と「次、どんな本にしましょうか」と雑談をする中で、「じゃ、こんな感じで」となんとなくテーマが決まっていくことが多いのです。あまりのいいかげんさにあきれられるかもしれませんが、本当のことです。

ただ、ときには編集者から「ぜひ次はこんな本を」とテーマを指定されることもあります。何せ、こちらにはこれという方針がないので、たいていは「まあ、やってみましょうか」と受け入れるのですが、「いや、それだけはどうしてもできません」と断ることもあります。それは、「勉強法について書いてください」という注文があったときです。

編集者によると、「勉強法」は出版の世界では永遠のテーマと言ってもよいほど、常に読者が読みたいと思っているもののひとつなのだそうです。実際に「○○式勉強法」といったタイトルの本が毎年のように年間ベストセラーにランクインしているところを見ても、このテーマの本が常に人気なのは確かなようです。

そうはわかっていても、私には勉強法の本は書けません。なぜなら私自身、これといった勉強法を実践したこともないし、勉強に関することで自分がうまくやり遂げたと思ったことは、ほとんど一度もないからです。

「医学部に行ったのだから受験勉強はがんばったんでしょう」という人もいますが、医学部は医学部でも、私の場合、国立大学の理学部に落ちてなんとか潜り込んだ私大医学部です。受験勉強の成果というよりは、「数撃ちゃあたる」方式で受けた中で、たまたま得意な分野の問題が出たのがこの大学だった、というところです。医学部に入ってからも学業は低迷し続け、毎年、進級発表のときに学年でいちばんハラハラしていたのは間違いなく、私だったと言えます（こんなことで胸を張っても仕方ないのですが）。

そんな私に「勉強法の本を書け」という注文があることじたい、無謀以外の何ものでもないのです。

とはいえ私も、若いときには「何とかもっとちゃんと勉強や研究をしたい」と「○○式勉強法」といった本を開いてみたこともありました。きちんと目標を立てよ、毎日とにかくどれだけ達成できたかを記録せよ、など、それぞれ役に立つことは書いてありました。私には反骨精神もないので、そこで「はー、なるほど」と納得はするものの、実践するのはむずかしい。さらにそれを継続させることなど、自分にはとてもできそうにない。そう考えて、三日坊主どころかほとんどの場合は、一日であきらめてしまいました。最初からやりもしなかったことも何度となくあります。

ただ、自分のことはさておき、まわりを眺めてみると、本当にきちんとした仕事をしている人たちは、それほど勉強法にはこだわっていないように思います。語学の達人の知人に、「いったいどうやって英語、フランス語、ドイツ語……と何カ国語も身につけたの？」ときくと、こんな答えが返ってきました。

「別に語学を学ぼうと思ったわけじゃなくて、映画が好きで映画監督を目指していたことがあったから、好きな監督の自伝や評伝をどうしても読もうと思ったんだよね。読みたいものを必要に迫られて辞書と首っ引きで読んだ、というただそれだけのことだよ」

ちょっとカッコよすぎるような気もしましたが、「そうしたいからしただけ」というのは、案外、勉強の本質であるようにも思うのです。やりたくないこと、必要のないことをいくら効率よく勉強しても、それはほとんど身につかないし、意味のないことなのではないでしょうか。

勉強法の本をいくら読んでも、ちっとも勉強する気になれなくて、という人は、とりあえず今は勉強したいことがないだけなのです。本当に「これを身につけたい」と思ったら、勉強法の本などそっちのけで、やりたいことを必死で学ぼうとするはずです。

私もきっと、受験勉強や大学での勉強は本当にやりたいことではなかったのだ、と自分に言い聞かせています。かといってその後、「これは必死で勉強した」

ということが何かあるわけではないのですが、精神科医として必要な治療法の本などはそれなりに読み、なんとか身についていると思います。どうしてもやらなければならないことなら、そうやって無理やりにでも覚えられるのだから、勉強法の本などあえて必要はない。これが私の結論です。

それに先ほども述べたように、売れる勉強法の本というのは読む人を「なるほど」と納得させる説得力を持っているため、多くの読者はそこで満足してしまいます。本当に大切なのは、それを実践し、やり続けて目標を達成することであるはずなのに、そこまでたどり着く人は実は少ないのではないでしょうか。

せっかく勉強法を学んだのに勉強しない、というのでは、まさに本末顛倒《ほんまつてんとう》です。「すばらしい勉強法の本を読んで勉強しない」のと、「勉強法の本は読まずに独自のやり方で勉強する」のと、どちらが自分にとってプラスか。答えは明らかでしょう。

本当に勉強したいなら、よい勉強法の本はなるべく読まないようにする。これが勉強のコツだと私は思います。

困ったときこそ決断を先のばしする

即断即決が重んじられるスピード時代です。テレビのクイズ番組でも、短い時間で答えなければすぐに「ブーッ」と不正解のブザーがなります。

それと並行して、私たちの生活の中からも「待つ時間」がどんどん減っています。たとえば、航空チケットの予約なども、ネットを使えば24時間いつでも可。昔のように、「もう夜だから、明日、旅行代理店が開くまで待たなきゃ。あ、明日は定休日か。じゃ、明後日だ」と先にのばす必要もなくなりました。

もちろん、どんどんスピード化して生活が便利になるのはよいことなのですが、人生の大事なことでもすぐに決めなければならない、という場面が増えてきているような気がします。うつ病などで診察室に来る人が、「今日、退職しようと思うのです」「明日にも夫と離婚します」と思いつめた顔で語ることも増えました。

特に、うつ病などで心のコンディションがよくないときには、即断即決は百害あって一利なし、です。誰でも、追い詰められたときなどに「よし、もう彼女とは別れるしかない」などと決めて、後になってから「どうしてあのとき、あんなバカなことを思ってしまったのか」と後悔した経験があると思います。人間はどうも、調子がよくないときほど大事な問題をすぐ決めようとしたがり、そしてその決断はたいてい間違っているのです。

だから私たち精神科医は、「今日こうしたい」と決意を述べる人には、「まあまあ、少し待ってくださいよ」などと言って時間稼ぎをします。すぐに「それは間違いです」などとは言いません。とにかく、「そんな大切なことなら、今日決めても3日後に決めてもそれほど変わりはないんじゃないですか」などとはぐらかして、即断即決をやめてもらうのです。

そして、3日後に来てもらうと、たいていの場合は「今日しかないのです」と切羽詰まった気持ちは薄らいでいます。そうなったらしめたものなので、「じゃ、あと1週間だけ考えますか」などと言って、その間にも休養を取り必要なら薬を飲んでもらいます。

そうやって時間を稼いでいるあいだに心のコンディションが回復してくると、次第に「これしかない、今しかない」といった切羽詰まった気持ちは影をひそめてきて、「まあ、離婚といっても何も今じゃなくてもいいのですが」などと〝発言撤回〟をする人も出てきます。こちらはもちろん、「前には絶対、離婚する、と言ったじゃないですか！」などと責めたりせずに、そのトーンダウンや撤回をなるべく穏やかに受け止めるようにするのです。

ただ、なかには1カ月たってうつ症状がかなり回復しても、「やっぱり退職したいのです」と言う人もいます。そのときは、それが本人の本当の気持ちなのだと考えて、それ以上、反対したり時間稼ぎをしたりはせずに、その決定を尊重します。

ここからわかるように、よほど直感のすぐれた人、心のコンディションが万全の人以外には、人生の大事な場面での即断即決はあまりおすすめできません。むしろ優柔不断くらいのほうが、後悔は少ないはずです。

かく言う私も即断即決は大の苦手で、まわりから「やるのかやらないのか、いいかげんにお返事をください」と何度も急かされ、ようやく「じゃ、まあ、やることにしてもいいし……、やらなくても……」などと言って「どっちですか！」怒られることもしばしばです。

私の場合は、あえて即断即決を避けているというよりは、根っから決断力が不足しているのかもしれませんが、精神科医として即断即決のデメリットを多く見ている立場としては、「これでいいのだ」と自分を正当化したい気持ちでいっぱいです。

カラオケができれば会話もできる

私は職場の仲間つまり病院のスタッフとの飲み会が昔も今も好きなのでよく出かけるのですが、二次会でカラオケに行くとつくづく「時代は変わった」と思います。

今から20年ほど前、まだ私が若手医師だった頃には、カラオケに行ってもみながなかなかマイクを取ろうとせず、「あなたから歌って」「いえいえ、先生から」などとすすめ合ったものです。

ところが最近は、カラオケの個室に入るなり、リモコンを操作して自分が歌いたい曲を予約し始める人がいます。なかにはいっぺんに2曲、3曲と入れて、ほかの人たちから「ちょっと、独占しないでよ」などと注意されている。まさに〃早いもの勝ち〃で争うようにしてみなが歌を歌う姿を見ながら、その積極性に驚いてしまうことも少なくありません。

ここであえて「積極性」という言葉を使いましたが、たかがカラオケを歌うのに積極的も何もない、と考える人もいるでしょう。自分で考えてスピーチするならともかく、画面を見ながらそこに出てくる歌詞の通りに歌うだけなのですから、たしかにそれほどの勇気や決断力がいるわけではない気もします。

とはいえ、スピーチなら音程がはずれたり突然、声がかすれたりすることはなさそうですが、カラオケとなるとそうもいきません。私などまだサビの部分を歌っているときに曲が終わってしまい、「しまった、大きく遅れていたんだ」と気づいて冷や汗が出たこともあります。

途中からどんな曲だったかメロディを忘れてしまい、念仏のように棒読みで歌詞を唱えて終わり、ということもありました。もちろん、そこにいた人たちは爆笑。本当に恥ずかしい経験でした。

それに比べれば、講演会のほうがずっとラクです。音程がはずれたり遅れたり、念仏のようになってしまったりすることは、まずありません。いくら話が下手でも、場内が苦笑以上の爆笑にまでなる心配もないのです。

歌うより話すほうが、ずっと簡単。このことに異議を唱える人は、いないはずです。

日常会話がどうも苦手で、という人は、カラオケからメロディをなくしたものが会話、と思ってはどうでしょう。メロディがないのですから、大きな失敗もない。「音程が取れないかも」といった心配もぐっと減るはずです。

こんなことを言うと、すぐに「歌詞はあらかじめあるけれど、会話やスピーチの中身は自分でオリジナルを考えなければならないじゃないか」と反論されそうです。

しかし、日常の会話にそれほどオリジナルな要素がいるものでしょうか。「ちょっとショックなことがあって」と言う人には「落ち込まないで。元気出して」と、「部長ってムカつくよね」と言う人には「わかるわかる。でも、クサっててもしょうがないよ」と答える。言葉による反応のパターンは、けっこう決まっています。

スピーチや講演にしてもそうです。

たとえば、「若者の心理を考える」というテーマの講演であれば、導入に使える事件やニュースの記事を集め、それを話の枕にしながら、心理学者や精神医学者の理論をひとつわかりやすく紹介する。そして、私自身の医者としての経験も交えつつ、その理論に対する感想を述べて……と、構成はおのずと決まってきます。

そこでいきなり、号泣させようと感動のエピソードを入れたり、「私が宇宙人に会ったときに」といったとんでもない話を入れたりすると、かえって会場はしらけてしまうのです。つまり、会話にも講演にも、「この話や言葉、どこかで聴いたことがあるな」と思わせるマンネリ性が必要なわけです。

そう考えれば、会話やスピーチがそれほどむずかしいわけではない、ということがわかるはずです。それでもどうしていいかわからない、という人は、人気ドラマで役者が口にするセリフをいくつかそのまま借りてきて練習し、それを繰り返して使えばいいのです。

へんに「私しか使わない言い方で人をあっと驚かせたい」と思うと、会話のハードルは上がり、とたんにむずかしくなってしまいます。誰もが知っているあの歌からメロディを抜いたものが会話、これくらいの考えで十分なのではないでしょうか。

ベタでもプレゼン、営業はできる

私は精神科医のほかに大学教員の仕事もしているのですが、教員としての醍醐味はなんといってもゼミの学生に卒業論文を書かせること、という話はすでにしたと思います。私が卒業した医学部にはゼミや卒業論文はなかったので、その指導は自分にとってもとても新鮮なのです。

とはいえ、学生の側は「いったいどうやって論文など書けばいいのか」と不安でいっぱい。

毎年、ゼミの最初の時間に、私は言います。

「論文を書くのは盆踊りといっしょ。でも、がんばってすごい論文を書こうと思っちゃダメ。手抜きしてとりあえず完成できればいいや、と思う精神が大切です」

がんばろう、と意気込んでいた学生たちは目を丸くしますが、これは事実なのです。

「盆踊りといっしょ」というのは、論文作成にはいくつかのお作法があり、それをきちんと守ってもらわないとどんなに画期的な内容であっても論文としては通用しない、ということ。

そして、手抜きの精神が大切、というのは、「どうしてこんなお作法を守らなければならないわけ？」と深く考えることなく、「そういうものだから」と決められたとおりの順番で仕上げていく割り切りが必要という意味です。

では、論文のお作法とは何か。

それは、「問題提起」とそれに対する「自分なりの解答」がきちんと示され、あいだはその解答を裏づけるための〝証拠〟となるほかの論文からの引用、データ、実験などで埋められていることです。いくらよく調べられた論文でも、問題提起もなければそれへの答えもない、というものや、問題提起はされているものの「自分のレベルではとても答えなど出せない。今後も研究を続けたい」といった謙虚な結論で終わっているものは、論文としては不合格。

学生には言います。

「はったりでも何でもいいから、とにかく〝この問いの答えはこうなのである〟という解答、仮説を示しなさい。というか、そもそも解答が思いつかないようなテーマを選んじゃだめ」と。

「えー先生、解答が出るか出ないかなんて、論文を書き進めていかなければわかりませんよ。それにまず解答ありき、なのにわざとらしく問題提起をするなんて、サギみたいなもんじゃないですか」などと言う〝純情な学生〟には、「正直であればいい、ってもんじゃないの。割り切りも必要です」とはっきり伝えます。

これは、卒業論文を書くときだけの原則ではありません。プレゼンをするとき、営業をするときなどでも、考え方の基本は同じだと思います。

世の中の仕事と呼ばれるもののほとんどの分野には、すでに達人と呼ばれる人がいて、マニュアルなども書いてくれている。まずはそれを一読し、「いま自分がやるべきことのお作法、形式は何か」という骨組みのところをしっかり理解することが大切です。そこで、形式にとらわれてはいけない、と思うのが、間違いの始まりといえましょう。

そして、骨組みや形式がわかったら、あとはそこにデータや文言をポンポン、と当てはめていく。穴埋めテスト式に、自分がやるべきプレゼンや営業のシナリオをつくるのです。すべてを一から自分で書いてやろう、などと考えてはいけません。

先人のマニュアルに沿って、穴埋め式にシナリオを完成させたら、あとは大きな声で表情豊かにそれを読み上げたり伝えたりする練習をする。ゼロから完成させたら10時間かかるシナリオが穴埋め式なら3時間で完成するとしたら、あとの時間は演技の練習に費やすべきです。

特にプレゼン、営業などは、その中身より伝え方にかかっている、と言っても過言ではありません。

えー、そんな表面的なやり方はしたくない、やっぱり大切なのはいかに自分の頭で考えてオリジナルな内容をつくるか、ということじゃないの、と思う人もいるでしょう。その姿勢は、もちろん間違ってはいません。

ただ、とくに初心者の場合、一度は「マニュアル通りの穴埋めテスト」スタイルで、お作法をしっかり身につけたほうがいいと思います。学生たちにも、「一行目から読む人の心をぐっとつかむ論文なんて、100年早い」と言うことにしています。

そして、穴埋め式に決められたお作法に則って論文を組み立てていくと、形式の制限があるからこそ、かえって思っていることをしっかりきちんと述べることができるのだ、ということもだんだんわかっていくはずです。とはいえ、たいていの学生はそこまでの境地に達することができず、「とりあえずできた」という段階で提出を迎えます。

これはもちろん、私の指導力不足のせいなのですが、他力本願主義の私としては、前にも紹介した山内教授が『ぎりぎり合格への論文マニュアル　パート2』を早く出してくれないか、と祈るばかりです。

リフレッシュするための細切れ時間活用法

以前に比べれば、日本人もだいぶ休みを取るようになってきたと言われます。とはいえ、連続して何日か休めるのは、せいぜいお盆と年末年始だけ、という人は、まだまだ少なくないのではないでしょうか。

実は私も、まとまった休みどころか、連休は何年も取っていません。というより、月から金までは大学か病院でサラリーマン生活なので、土曜と日曜を取材、打ち合わせ、講演やシンポジウムなどの〝副業関係〟で埋める必要が出てきてしまいます。その結果、「今日は仕事の予定が入ってない」という日は数カ月に1回、ということもめずらしくありません。

こんな話をすると、「えー、じゃあ、休みは年に数日だけってこと?」と驚かれます。「本当に忙しいんだねえ」と感心されることもあります。でも、私としては自分がそれほど忙しいとは思いませんし、休みが足りなくてたいへんとも思っていないのです。だから、なるべく「休みが取れない」という話はしないようにしています。

なぜ休日がなくても平気なのか。これには秘密があります。

それは私がタフだからではなくて、一応、仕事をしているように見せながら、けっこう細切れに休んでいるからです。

電車での移動中は、寝るか音楽を聴くか、スポーツ新聞を読むか、スマホをチェックするか。診療中は、「次の方どうぞ」と患者さんを呼び入れる合間に引き出しに隠してあるお菓子を食べます。この〝一瞬のお菓子タイム〟は私にとってとても大切なものなので、病院に行く前には必ずコンビニに寄って新しいチョコなどをチェックすることを忘れません。

もちろん、大学の授業中にも、学生にミニレポートを書かせたりグループで意見をまとめさせたりしながら、ファイルに入れてきた雑誌コピーを読んだり地元の友だちにハガキを書いたり、と〝内職〟をすることもあります（ごくたまに、です！）。このような細切れの休みを足すと、一日、何時間にもなると思います。

このように仕事の合間や移動中でも、やろうと思えばそれなりに休んだり気分転換を図ったりすることはできるはずです。しかも私の場合、ゴルフとか海外旅行とか時間のかかる趣味はないので、それよりも一日の中で「5分×15回」といった休みがあるほうがうれしいのです。

ただ、この細切れ休憩法のためには、それなりの〝仕込み〟が必要になります。私の場合なら、お菓子やスポーツ新聞を買っておく、気になる雑誌の記事をコピーする、などがそれにあたります。

英語の単語帳を作っておく、ちょっとした手芸のセットを持ち歩く、いろいろな味のグミを常にポケットに、といった〝仕込み〟が必要になる人もいるでしょう。考えてみると、きっとその〝仕込み〟も含めて気分転換になるのだと思います。

とはいえ、もちろん、時には連休や長期の休暇も必要。私もぜひそのうちそうしたいと考えているのですが、長い休みをぜいたくに使うような趣味が何もないのが問題です。きっと「さあ、10日間休みなさい」と言われたら、スポーツ新聞を全紙読んで、ゲームを数時間して、あとは時間を持て余してしまうに違いありません。

私の場合は、休みを取る前にまず人に言えるような趣味を身につけることにし、それまでは〝細切れ休み〟をおおいにエンジョイしようと思っています。それが行きすぎて、最近は「休みの合間に細切れで仕事をしている」という感覚になりつつあるのも、それはそれで問題なのですが。

働く意味を
考えすぎない

大学では柄にもなく学生たちの就職支援の委員を長くやっていた私ですが、いちばん苦労をするのは、学生たちの重い腰を就職活動に向けてどうやって上げてもらうか、というい わゆる初動の部分です。一度、就職活動の波に乗ってしまえば、あとは大学で用意したプログラムや就職活動サイトの流れに従って、次々とエントリーしたり試験を受けたりして行けるようになるのです。

では、なぜ初動の部分で苦労があるのか。

それは、彼らが怠けたり遊んだりしてなかなか活動を始めようとしないからではありません。それどころか、「なかなか就職活動ができない」という学生の大部分は、とてもまじめで優秀な人たちなのです。

それなのに、なぜためらっているのか。それは、彼らが「何のために働くのか」「本当に私にとって意味のある仕事とは何か」ということにこだわりすぎて身動きが取れなくなっているからにほかなりません。

ある学生はこう言いました。

「自己分析のテストをやっているうちに、自分という人間の中にあるダークな部分にも気づきました。これまで私は教育関係の仕事につきたいと思っていたのですが、これではとてもできそうにない。だとすると、私にとって働くとは何でしょう。どんな仕事が私に生きがいを感じさせてくれるのでしょう。ダークな私は、金融機関に勤めたりすると横領してしまうのでしょうか」

なんだか哲学の問答か推理小説を聞いているようで、どう答えてよいかもわからなくなってしまいました。ただ、このように「仕事の意味、働く意味」を考えすぎて身動きが取れなくなっている若者は、少なくないと思われます。

もちろん、人はパンのみによって生きるにあらず、という言葉が聖書にあるように、お金がもらえる仕事なら何でもよい、というわけにはいかないでしょう。でも、パンのみで生きているわけではないにせよ、やはりパンがないと生きられないことも確かです。聖書の時代は、イエス・キリストが何もないところからパンを出してくれたりもしましたが、今はそんなこともない。パンはやはり自分で手に入れなければならないのです。

まずは、パンを得るために働く。そして、その中で働く意味や意義が少しでも感じられれば、それはなおよし。

そんなふうに、仕事に対する優先順位を変えたら、少し気分もラクになるのではないかと思うのですが、どうでしょう。

パンを得るために働くのではない、とむずかしく考えすぎて、結局は仕事につかず、パンも働く意味も得られない人は、だんだん自尊心や自己肯定感を失

っていきます。そしてますます、「私なんて何もできない」と仕事から遠ざかっていくことになるのです。

先ほどの学生には、「むずかしいことを言ってないで、とにかく雇ってくれるところにどこでも就職しなさいよ！　それじゃ決められないなら、給料の高さと社員食堂のおいしさとか、とにかく何か条件を決めてそれを満たす仕事を中身に関係なく選びなさい」と言ったのですが、「先生、それでも精神科医なの？」とあきれられてしまいました。

精神科医は、意外に現実的なものです。そして、そうやって半ば偶然、選んだ仕事が、やってみればけっこう自分に合っていた、ということも、実は少なからずあるのです。

「適当に選ぶ」「偶然、出合った」という要素もばかにはできません。「働く意味」などにこだわる必要は、まったくないのです。

かけもちは最高の「逃避」と考える

自分の話から始めて恐縮ですが、前にも触れたように、私の仕事は大きく分けて三種類からなっています。

まずは、精神科医としての診療や研究、研修。

それから、もうひとつは大学教員としての授業、論文指導、会議やさまざまな委員会業務です。病院か研究機関、大学にはそれぞれ週に3、4日くらいずつ行っているのですが、日によっては「午前は病院、午後は大学」とか「午前は大学、午後は研究」とふたつの仕事に半日ずつをあてることもあります。

それから最後、三つめは、私が〝香山リカ業〟と呼んでいるものです。これには、原稿執筆、インタビュー対応、編集者との打ち合わせ、それから講演やテレビ出演などが含まれています。あと、大学の教え子たちといっしょに会社をつくっているので、ときにはイベントの企画をしたりみんなで遊びに出かけたりもします。

私の場合、これら〝香山リカ業〟にあてる時間はほとんど夜間や週末、早朝などに限っているので、病院と大学の勤務には支障がありません。もちろん、原稿の執筆などは締め切りが迫っていてやむなく平日の日中に行うこともありますが、それは電車の中や昼休みなどいわゆる〝すき間〟を使っての作業です。

どれがあなたの本当の仕事なの、と言われれば、もちろん「医者です」と答えますが、計算すると実は、医者としてすごす時間よりも大学教員としての時間のほうが長いことがわかります。それに、切羽詰まるとほぼ徹夜で原稿を書くこともあるので、そうなるとたちまち〝香山リカ業〟が時間を占める仕事のトップに躍り出ます。

こうやって説明すると、多くの人は「いろいろな仕事があって忙しいですねえ」とか「休みがほとんどないんじゃないですか」と言って驚いたり同情したりしてくれるのですが、私としてはそれほどすごいことをしているとは思っていません。それは私がスーパーマンだからでしょうか。違います。それどころか、逆にひとつの仕事だけに打ち込んでいる人を見ると、「なんてたいへんなんだろう」と感じてしまうのです。

というのは、私はとても飽きっぽく、毎日、一カ所に通ったり毎日、10時間も12時間も同じ職場で働いたりすることは、とてもできないからです。半日、病院で診療をして午後からは大学で講義、そして夜は事務所に戻って取材対応、といった細切れの生活のほうが、私には合っています。

それに、「これが自分のメインの仕事」というのが決まっていると、あまりに緊張して手が出せなくなってしまう、という性質もあります。これは私に限ったことではなく、心理学の中では若者や大人になりきれない人の特徴として知られている心理のひとつで、「正業不安」という名前までついています。

「正業不安」があまりに強いために大学に行けなくなってしまい、留年を繰返す「モラトリアム人間」という若者がいることを指摘したのは、精神分析学者の小此木啓吾《おこのぎけいご》氏です。このタイプの若者は、受験勉強は優秀な成績でクリアして大学に入ってきても、専門科目になかなか手が出せません。

一方で、専門外の科目になると持ち前の優秀さを発揮して、がんばって授業に出たりレポートを提出したりします。たとえば、法学部の学生なのに法律の授業や試験は欠席続き、そのかわりに哲学の授業には熱心に出て、キェルケゴールについて専門家顔負けのレポートをまとめることもできます。哲学の教授が驚いて「君は哲学科に移るべきだ」とすすめていざ転科すると、今度は哲学の勉強ができなくなって法律の勉強に打ち込む……。

これが「正業不安」です。

つまり、「これぞ自分の土俵」と思うと、「失敗したらどうしよう」「ここでうまくいかなかったら一生の問題だ」と身がまえすぎて、結局は手がつけられない。ところが、「これはどうせ遊びなんだから」といった気軽な気持ちだと、肩に力を入れずにスイスイできて、それなりの結果を出せるのです。

私には、若い頃からこの「正業不安」の傾向が強くあるのを、自分で感じていました。高校のときなども、受験に直接、関係のない地学や倫理といった科目のほうがずっと成績がよく、英語や数学など受験科目だけの模擬試験は最低の成績。先生から「これじゃ、志望を変えたほうがよい」と何度も言われましたが、もしそんなことをしたら、できる科目とできない科目が逆転して結局は同じことだ、と自分でもわかっていましたので、あえて志望を変えませんでした（しかし、受験は大失敗で、第五志望あたりの大学にかろうじて滑り込みました）。

医学部に行ってからも、医学の勉強はほとんどする気になれません。ところが、ほかの勉強をしようにも、医学部の授業には美学や天文学はなく、ほとんどが必修の医学関連の科目ばかりなのです。逃げ場がなくなり、私は仕方なく、学外に打ち込むものを見つけました。それが、編集プロダクションの手伝いやフリーライターとしてのアルバイトだったのです。「夜になればあっちに逃避できる」と思えばなんとか日中は医学部の勉強に耐えることもでき、そこから医学生とライターの二重生活が始まったわけです。

医学部の卒業が近づくと、編集者の中には「卒業したらもっと本格的に編集の仕事をやってみたら」とすすめてくれる人もいましたが、そんなことをしたらどうなるかは明らかだったので断り、予定通り医者になりました。

「医者になってしまったら、さすがに〝正業不安〟だから医者の仕事ができないんです、とは言えないいな」と恐れていましたが、最初のうちは研修医生活があまりにハードで、「ほかのことに逃避したい」と思うことさえできなかったのがかえって幸いでした。

しかし、半年、一年とたつと少し余裕が出てきて、そうするとまた、「ああ、医者ばかりやるのはしんどい。ほかのことに逃避したい」という気持ちが強くなってきました。そしてその頃ちょうど、昔の知り合いの編集者から「また原稿を書いてみない？」という誘いがあったので、私は「待ってました」とばかりに、病院の勤務が終わったあとで執筆の仕事をする二重生活を再開しました。

病院が終わったらライターに逃避、でも何時間も原稿に向かい合っているとつらくなってくるので、今度は病院に逃避、という逃避の繰り返しの生活は、私にとても合っていました。もちろん医者の仕事が本業なのですが、そう思いすぎるとしんどくなってくるので、「ま、医者もライターも本業じゃないんだ」と考えるようにもしました。

こんな私ですから、現在は「大学教員」という新たな仕事、つまり逃避先ができて、さらに暮らしやすくなった気がします。ひとつをやって気分的に重くなってきたら、さっさと逃げるように次の仕事に取りかかる。またそれも行き詰まったら、また次へ……。

じっくり腰をすえてひとつの仕事に取り組まないのは、いろいろな意味でマイナスだとはわかっているのですが、こういう働き方でなければ続けられない、と自分に言い聞かせて、この細切れスタイルを続けています。

もちろん、なかにはこれを1時間やって次はこれを30分、といった落ち着かない仕事の仕方は肌に合わない、という人もいるでしょう。そういう人の場合は、じっくりひとつの会社、ひとつのビジネスに正面から取り組み、納得いくまでがんばるべきだと思うのです。

ただ、なかには私のように、「正業不安」の傾向があり、「これぞ自分の真価が問われる」という場面では逆におじけづいて実力が発揮できない、という人もいるでしょう。

そういう場合は私のように、いくつもやることを決めておいて、「どれも本業じゃないんだし」といったくらいの気軽な気持ちで、次から次へと逃避する

ように こなしていく、という働き方、学び方も考えてみてはどうでしょう。トータルである程度、まとまったことができれば、それまでの過程が細切れでもよいのではないでしょうか。

少なくとも私は、その逃避スタイル、細切れスタイルで、これからもいくつもの仕事をつまみ食い式にこなしていくと思います。もし、私が「このやり方はやっぱり失敗だった」と深く反省することがあれば、そのときは潔くまたみなさんにお話ししようと思います。

2章

心がラクになる 悩みリセット術

マイナス思考を
おそれない

精神科の診察室にいると、患者さんからよく「先生、こういう本を読んだのですが、信用できますか？」と健康法や人生論のベストセラー本を見せられることがあります。

私は流行っているものは一般に信用しないほうなので、「え？　ウソじゃないの」と疑いの目を向けることが多いのですが、一方で「なるほど。流行る本とはこういうものか」と勉強になることも少なくありません。

最近では、「心の病は自己暗示で脳を変えれば治る」という本を持ってくる患者さんが、非常に多いです。その本には、「絶対治る、治る」と常に言い聞かせていれば、次第に脳にもよい影響が現れてついには心の病気も回復する、といったことが書かれています。

私はつい、「そんなわけないじゃないですか。だいいち、気持ちを前向きにするだけで病気が治るなら、精神科医はみな失業だ」などと茶化しながら批判してしまうのですが、長く通院しているのになかなか回復しない患者さんたちをがっかりさせてしまうこともあります。

「この方法もダメですか」とうなだれる人たちを見ながら、「しまった」という気持ちになり、「たとえウソであっても、一時的に希望を与え、前向きな気持ちにしてあげるほうがよいのだろうか」と思うこともあります。

しかし、もしここで「そうです。絶対治る、と唱えていれば、あなたの病気はすっかりよくなりますよ」と言って、前向きな気持ちにすることができても、しょせんそれは〝ぬか喜び〟にしかすぎません。3カ月後、半年後、その〝ぬか喜び〟が一段落した後には、「なんだかまた症状が強くなってきたみたい」とさらなる失望が待っているだけです。

だとすれば、前向きな気持ちにさせるのは、かえって残酷なことなのではないでしょうか。

私は、世にあふれるポジティブ・シンキングやプラス思考のすすめというのは、結局はこの〝一時的なぬか喜び〟をもたらすだけなのではないか、と思っています。もちろん、そこで弾みがついて実際にお金がもうかった、異性にモテた、などの効果が現れることもあるのかもしれませんが、それよりもしばらくの後、「やっぱりダメだったか」と現実を認めざるをえなくなることのほうがずっと多いのではないでしょうか。

それに比べて、「どうせダメだ」とマイナス思考でいれば、状況がそれ以上、悪くなることはありません。それどころか、少しでもよいことが起きれば、「予想以上の結果が生まれた！　ラッキーだ」とそれをぬか喜びではなくて、本当の喜びとして受け止めることができるでしょう。

だから私は、患者さんたちにも「たしかに、うつ病は治るまでに時間がかかる病気ですからね。まあ、辛抱強くやっていきましょう」といった感じでトーンを抑えて話をすることにしています。もちろん、必要以上に絶望させるのは医師として問題ですが、最初からあまりに前向き思考になりすぎると、かえって回復までに時間がかかることもあるのです。

マイナス思考に陥ったときは「状況がこれ以上、悪化することもないんだし」ととらえ、その中で小さなプラス、上向きを敏感にとらえるようにする。これが長続きする本当の前向き思考と言えるのではないでしょうか。

そして、私自身はといえば、前向きの「ま」の字もないと思います。何か始めるときは「どうせうまくいかないに決まってる」、途中まで進んでいることは「きっと失敗するんじゃないか」と、とにかく悪い方へ悪い方へ、と考えるクセがあるのです。ただ、それでもやらなければならない仕事や雑用はやることになります。テンション高く張りきって取りかかる、というわけにはいきませんが、「あーあ」とため息つきながらでもとにかくやる。

こんな感じだと、なんとかうまくやり遂げたときには「奇跡だ」とうれしさも何倍にもなるし、たとえうまくできなかったときは「ほら、やっぱりね」と納得するだけなので、落ち込むこともありません。どうですか、ネガティブ・シンキングも悪くない、と思えてきませんか。でも、ここで「すばらしい！私もそうしよう！」と思った人は、これにはあまり向いてません。「…え？マイナス思考のすすめ？　どうせダメだろ、そんなの…」と疑ったあなたこそ、このネガティブ・シンキング向きの素質を持っています。私といっしょに、マイナス街道をゆっくり歩いてみませんか…。

気乗りがしないときは無理しない

診察室にやって来る人が、切実な顔で訴えることがあります。

「がんばってもがんばっても空回りして」

「努力しているのになぜか結果が出ない」

そういうときに私は、「ふーん、それはお困りですね」と共感を示した後、しばらく沈黙します。相手は、「先生はどんないいアドバイスをくれるのか」と期待と不安の目でこちらを見つめています。次に私が口にする言葉は、次のようなものです。

「ま、ちょっとのあいだ、がんばるのをやめてダラダラしましょうか」

固唾《かたず》を飲んでこちらの言葉を待っていた相手は、拍子抜けしたような顔をします。

「は、はあ……？　ダラダラする……？」

がんばっても思ったような成果が出ないときに、多くの人は、もっとがんばろうとします。しかし、それがそもそもの間違いなのです。成果が出ない、というのは、その人のからだと心が、「もう限界を超えていますよ」というサインを伝えようとしているのです。だから、その時点で「そうか、やりすぎたんだな」とできる限り今やっていることを全面的にやめて、重荷を減らし、休んだりのんびりしたりするべきなのです。それが「ダラダラすること」です。

多くの人は、うまくいかないのはがんばりすぎたからではなくて、がんばりが足りないからだと思って、さらに自分を叱咤《しった》激励して残業をしたり休日出勤をしたりしようとします。そうすると、からだと心は「えー、がんばりすぎだって言ったじゃないの」と不満に思いながらも、仕方ないので命じられたとおりに働きます。

しかし、そこではもう危険水域はとっくに超えていて、そこでさらに負荷がかかると、「もうダメ」と一気にうつ病やストレスによる心身症が発症してしまうこともあります。「なんだか調子が悪くて」と精神科に来る時点では、すでにこの状態に達している場合が多いのです。

だから、そういう人には、時すでに遅しなのですが、何としてものんびりと休み、すり減った心身のエネルギーを回復してもらわなければならない。だから冒頭のように、「ま、少し休んで」とアドバイスすることになります。

すでにうつ病や心身症の領域に達した場合、1週間や2週間の休みではなかなか回復せず、何カ月もかかる場合も少なくありません。本当はそうなる前に、「あれ、なんだかおかしいぞ。いつものように仕事に気乗りがしない」と気づいた時点で、早めに無理をやめて、リフレッシュしたり休んでエネルギーを貯める時間を取ってほしいのです。「あれ」という段階で休むことができれば、数日程度でかなり回復するのではないでしょうか。

「ノリが悪い」「いつもの元気が出ない」とちょっとした不調に気づいた時点で、「よーし、がんばるぞ」と思わずに、「よーし、徹底的に休むぞ」と思う。この心がけが、実は長い目で見れば自分の効率を上げ、うつ病などからも守ってくれるはずなのです。なかなかすぐには受け入れがたいかもしれませんが、だまされたと思って一度、「よーし、がんばって休むぞ」を実践してみてはどうでしょう。

休日は家で
ゴロゴロしていよう

日本人も休み上手になってきた、と言われます。たしかに夏やゴールデンウィークにまとめて休みを取ったり、祝日をうまく生かして三連休を取ったり、という人は増えているようです。

しかし私から言わせると、ほとんどの人はまだまだ休み下手。「夏休みや三連休でもダメ、というなら、いったいどうすればいいんだ」という声が聞こえてきそうですが、これは休みの日数の問題ではなく、その休みをどうすごすか、という問題です。

多くの人は、ゴールデンウィークや夏休みに1週間休みを取ったとして、そのとき何をするでしょう。家族がいる人は、ハワイ旅行か北海道旅行、あるいは近場で遊園地や動物園、大型ショッピングモールをはしご、といったところでしょうか。家族がいない人でも、友だちを誘って海外旅行や趣味の釣りに出かけたり、とにかく外に出かけて貴重な休みを有意義に使おうとするのではないでしょうか。

実は、この「貴重な休みを有意義に」という考えが頭に浮かんだ時点で、もうその休みは休みでなくなっているのです。

精神科医の私が考えたベストの休みのすごし方を、具体的にあげてみましょう。

まずは朝は目覚まし時計をセットせずに、寝たいだけ寝る。目覚めてもすぐには時計を見ずに、布団の中でグズグズ。そして、おなかがすいてきたらパジャマのまま起き上がって冷蔵庫をあけ、ヨーグルトでも残りもののヤキソバでも、そこにあるものを適当に食べる。もちろん、すぐに顔を洗ったりシャワーを浴びるようなこともしない。

そして、その後はまた布団に戻るもよし、そのあたりにあるマンガ本をパラパラめくるもよし。テレビはつけてもいいけれど、決して真剣に見入ったりはしません。パソコンを開けてメールチェックをするようなことはしない。携帯電話に着信があっても、よほどのことがない限りかけなおす必要はありません。「あれ、カーテンを開けてないな。今日は曇っているのか、晴れているのか」と気づいても、そのままにしておきましょう……。

要は、一日中、ダラダラする。エネルギーもお金も、必要最低限しか使わない。これが、精神科医が考える理想的な休日のすごし方なのです。およそ有意義でもないし、自分にプラスになっているとも思えないかもしれませんが、これこそが日頃の疲れを癒し、明日へのエネルギーを回復してくれるいちばんの早道です。

そう考えると、気分転換だストレス解消だ、あるいは家族とのふれ合いだ、と思って多くの人がやっている休日のすごし方は、とても〝理想のすごし方〟とは言えないことがわかるはずです。もちろん、「ああ、有意義にすごしたなあ」という満足感はあるかもしれませんが、それ以上に消耗するエネルギーも大きい。休日で張り切りすぎてかえって疲れた、という経験は、誰にもあるはずです。

その予定じゃなかったのに、ついパジャマのままダラダラと休日をすごしてしまった、という人は、一日の終わりにこう思いましょう。

「ラッキー。今日は心とからだにとって最高の休日をすごせたぞ」

そして、いつも充実した休日をすごしている人は、たまには自分のために、何もしないダラダラとした生産性の低い休日をプレゼントしてあげましょう。「トホホ、今日はムダな一日だった」と思えれば思えるほど、それは本来の意味でのよい休日。だから、「いやあ、まったくムダのないすばらしい休日だった」と思った人は、せめて次の週こそ無理をしてでも、ぜひゴロゴロ、ダラダラのムダな休日をすごす。そろそろ私たちも、本来の意味での休み上手になりたいものです。

…私？　私はもうとっくに、若い頃からそれを実践していますよ。

自分を励ますことが真のプラス思考

人間の記憶というのは不思議なものだ、とつくづく思います。なぜなら、楽しいこと、うれしいことに関する記憶はあっというまに消えていくのに、いやなこと、苦々しいことの記憶はいつまでも消えないからです。

診察室にいても、患者さんが「昨日も会社でミスしちゃって上司から怒鳴られました。なぜか要領よくできないんですよね」と話しているうちに、「そういえば、去年も同じようなことで怒られたっけ……。その前の年も……。今思い出したのですが、学校時代も教授からレポートのことでよく注意されました」と、次々に同じような記憶がよみがえって止まらなくなることがあります。

一方、楽しい記憶に関してはどうでしょう。

ある日の診察で「資格試験にようやく受かりましたよ」という話を聞いて、その努力を評価したとします。そのときは患者さんもそれなりにうれしそうで、「がんばりましたからね」などと顔を紅潮させている。

ところが、その次の週にも「先週の試験合格、よかったですよね」と話題を持ち出すと、もう喜びが薄れていることがあります。それどころか、「ああ、あの試験。よく考えればもっと若い時代に受かっておくべきでした。今ごろ取って喜んでいるなんて、自分が恥ずかしいですよ」と半ばネガティブな意味づけがなされていることさえあるのです。

それでもこちらが「いや、そんなことはないですよ。立派です」とほめていると、ときには「先生は、おまえなんかあのくらいの資格で精いっぱいだ、と思っているから、そんなに大げさにほめるんでしょう」などと言われることもあります。ほめているつもりが、傷つけている。それはこちらの本意ではないので、少々あわててしまいます。

しかしどう考えても、悪い記憶にばかりこだわり、よい記憶をあっさり忘れようとしたり、その意味を否定的に変えようとしたりするのは、心の健康にとってプラスとは思えません。しかも、そういう人に限って、「ビジネスにはプラス思考やポジティブシンキングが重要だ」といった本を読んでいたりするのです。

おそらく、特にまじめな人たちにとっては、自分の手柄や業績を大げさに評

価したり、「いやあ、よくやった」といつまでも悦に入ったりしているのはよくないこと、と思えるのではないでしょうか。過去の栄光にとらわれずに、常に自分に厳しく、さらに高い目標を掲げて進むことこそ、前向き思考なのだ。そんな誤解をしている人も多いように思います。

本当にプラス思考を身につけたければ、まずは自分がうまくやり遂げたことや、ラッキーな思いをしたことをおおいに評価し、自分をほめてよい気分になる。これが大切です。

そして、そこから1週間、1カ月、1年がたっても、ときにはそのときのことを思い出し、「かえすがえすもあのときはがんばった」「自分もたいしたものだ」とまたよい気分を味わえばよいのです。もちろん、他人にまでその〝武勇伝〟を語って聞かせて、自慢するのはやりすぎですが。

よい過去にはおおいにとらわれ、繰り返し思い返して自分をほめたりよい気分になってよいのです。たとえそのよい過去や過ぎ去った栄光が、今はまったく自分の役に立っていなくてもかまいません。

そのときのがんばりや達成できた業績や周囲の評価などは、自分の中で今も生きている。そう思って自信を高め、「だからこれからだって大丈夫」と自分を励ます。過去の栄光でいつまでも良い気分に浸る、これが本当のプラス思考だと私は思います。

「自分を棚に上げる」ことも必要だ

ときどきコメンテーターとしてテレビの情報番組に出演する機会があるのですが、スタジオでいつも感じるのは、「人気のあるタレントや評論家は、自分を棚に上げる能力が高い」ということです。

たとえば、政治とカネの話題が取り上げられたとしましょう。

「お金にクリーンじゃない政治家が国のリーダーになろうとするなんて、そもそもおかしな話ですよ！　国民の手本にはなれません！」とはっきり言い切る評論家がいます。テレビの場合、こういうようにはっきり意見を言う人は、多くの視聴者の共感を得ることができるのです。

ところが、その評論家もお金にはとても執着していて、打ち合わせのときなど「出演料が安い。○○テレビはいくらくれたのに」とプロデューサーにいつも不満を言っている、というような場合も少なくありません。怪しい相場で大儲けした、などと自慢げに話している人もいます。常識的に考えれば、自分がお金にクリーンでなければ、恥ずかしくて人をお金のことで批判することなどできないはずです。もし批判するとしても、「私も他人のことは言えないのですが」とひとこと、言い訳をつけ加えたくなるでしょう。

ただ、先ほども言ったように、テレビはひとりあたりの発言が短く、しかもわかりやすいものであればあるほど好まれるので、「実は私もお金の問題がないとは言えなくもないわけですが……」などと言っていたら、それだけで持ち時間がすぎてしまう。それよりは、ここは自分を棚に上げて、「お金に汚い政治家は許せん！」とひとこと言うほうが、テレビ的にはずっと親切というものです。

実は私は、この「自分を棚に上げる」というのが苦手で、テレビでコメントを求められても、「いや、私には批判する資格などとてもないわけで」などとわけのわからないことを言ってしまうことがあります。テレビの世界でいまひとつ人気者になれなかったのは、そのあたりにも理由があったかもしれません。ただ、まわりの人たちを見ていて、「ときにはこうやって大胆に自分を棚に上げることも必要なのだな」ということは、いつも強く感じます。

テレビ以外の場面でもこれは同じです。会社であるいは家庭で、自分の欠点や短所をいちいち繊細に感じ取って、「とてもひとさまに意見などできない」と思っていては、自己主張もプレゼンもできません。ときにはそんなことはすべて忘れて、「私には堂々と意見を言う権利があるんだ」と自分に言い聞かせ、意見やクレームをはっきり口にしたほうがよいことも少なくないのです。

謙虚なのは悪いことではありませんが、ときには自分を棚に上げて、言いたいことを言う。「そう言うあなただって、同じじゃないですか」と相手に突っ込まれたらそのときはそのときですが、はっきりと表明された意見に対して、まわりは案外、「そう言うあなただって……」という反論はしないもの。

もちろん、自分をあまりに顧みずに言いたいことだけを言うのは問題ですが、3回に1回、せめて5回に1回は、自分のことは忘れて自己主張。私も、次にテレビに出演するときはせいぜいそう心がけたい。この本ではさんざん、「ダラダラしましょう」「マイナス思考でいい」と言ってきましたが、そんな自分を棚に上げて、「前向きなメッセージを出せない政治家なんてリーダーの資格はありませんよ！」と言ってみようかな。

酒やギャンブルと上手につきあおう

学生たちとたまに飲みに行くと（もちろんハタチ以上です）、お酒を飲む人と飲まない人との差があまりに激しいので、驚かされます。

よく考えれば、お酒好きとそうでない人がいるのはあたりまえなのですが、私が学生の頃は部活のコンパがあると先輩にとにかく飲め、飲めと言われ、酒好きかどうかにかかわらず、誰もがかなりの量を飲まされていた気がします。今そんなことをしたら、アルコールハラスメント（アルハラ）だと抗議されるでしょう。

とはいえ、お酒の席というのは、やはりふだんの教室やゼミ室とは違う雰囲気を生み、学生たちの意外な素顔が見られるので楽しいものです。学生たちにしても、「先生って学生の分まで食べてるじゃないか」「顔が赤くなるとやっぱりオバサンっぽい」などと言いたい放題を言って、リラックスした顔をしています。

なかにはほとんど飲んでいない学生もいるので、アルコールの力が彼らを解放しているのではないのでしょう。「お酒の席だから」と思うことやワイワイとにぎやかな居酒屋の雰囲気が、彼らの心理的なバリアを解いているのです。

このように、お酒やパチンコ、マージャンなどには、それじたいの楽しさや刺激といった作用以外に、「今は仕事じゃないのだから」という心理的な解放感を与えてくれるという〝効果〟があります。

パチンコ店のけたたましい音楽、上司も部下もいっしょに囲むマージャン台の上の乱雑さなど、職場にはまずないものです。そういう場に身を置くと、「ああ、今は仕事じゃないんだ」と頭もからだも深く納得して、緊張感がほぐれていくでしょう。

このように、仕事の対極にあるものとして、お酒やパチンコなどのギャンブルをうまく使ってリラックスする、という知恵を、私たちは長いあいだ大切にしてきました。ところがそのうち、必要のないときまでそこに逃避しようとしたり、逆にお酒やギャンブルが生活の中心になってしまったり、と本末顛倒が起きる場合がある。

これが問題です。

お酒やギャンブルは私たち一般の人間にとっては、あくまで仕事や勉強など現実の生活からいっとき非日常の世界にワープしてそこで羽を伸ばすための、〝セカンドライフ〟であるべき。そちらがメインの世界になるのは、やっぱりやりすぎでしょう。

では、どうやって本末顛倒、メインとサブが逆転しないように、自分を保てばよいのか。それは、あまりに単純な方法ですが、とくにギャンブルの場合はそこで当てよう、もうけようとしないこと。ギャンブルで勝つことが自分の価値の確認になってしまうと、人はいっぺんにのめり込みます。自分の価値は、あくまで仕事や家庭生活などメインの世界のほうにある。そこから一瞬、解き放たれるためにパチンコなどはあるわけですから、そこで勝つことにあまり重きを置かない。負けても悔しがらない。だからもちろん、時間的にも経済的にも現実を圧迫しない程度でやめることも、重要です。

そして、飲んだりパチンコで遊んだりした後は、ちょっと芝居めいていますが、必ずこう言ってみましょう。

「あー、楽しかった。これで明日も仕事、がんばれそう！」

こうやって唱えることで、ちゃんと現実の世界のほうに戻っていくことができるのです。非日常の世界に行ったときは、そこから戻るための呪文を忘れずに唱える。「ばかばかしい」と思わずに、やってみてください。私も飲んだ後は必ず、「よーし、明日も働くぞー」などとあえて口に出して言っています。

眠れない夜は
ぜいたくにすごそう

不眠症の人が増えている、とききます。

実際に診察室に来る人のほとんどが、「眠りが浅くて」「まったく寝つけない」と睡眠に関する問題を訴えます。

でも、私はこの「不眠症の増加」に関しては、まったく深刻に考えていません。なぜなら、今の社会や人々の生活を見ていると、眠れなくてもあたりまえだと思えるからです。

眠りというのはそれだけで独立しているわけではなく、一日のゆるやかなリズムの中で、目覚めとのセットで起きるものです。そして、このリズムは言うまでもなく24時間の周期を持っています。

このように、リズムの中で眠りを考えなくてはならないのに、最近は一日のリズムじたいがめちゃくちゃになっています。

たとえば、インターネットの普及により、飛行機やコンサートのチケットの予約も24時間、いつでもできるようになりました。夜中にはっと目覚めて、「あ、出張の飛行機、まだ予約してなかった」と気づけば、その場で起き上がって手続きをすることもできる。以前のように、「うーん、明日の朝、旅行代理店が開いてから電話しよう」と先のばしにすることはできないのです。

それに、ＩＴ関係や海外とやり取りする金融関係の人など、仕事の内容じたいが休みも時間も関係ない、というスタイルで働く人も増えてきました。雇用機会均等法の改正で、女性が深夜や早朝の仕事につくのも自由に許されるようになりました。もちろん、コンビニやファミレスなど24時間営業の店も増え、私たちはもはや時間にとらわれず、いろいろなことができるようになったのです。

このように、時間のしばりから解放されたかわりに、私たちは「朝起きて、夜は眠る」という単純なリズムを手放すことになりました。オンとオフの切り替えもむずかしくなり、「いつでもオン」「いつでも営業時間」という姿勢で生活する人も激増。そういう中で、「さあ、深夜０時をまわったから眠ろう」と思ったところで、そんなに簡単に自然の睡魔が襲ってくるはずもありません。

今日はどうしても寝ておかなければたいへん、という状態でなければ、ときにはその〝眠れない夜〟をぜいたくな時間としておおいに楽しむ、というのもよいのではないでしょうか。だからといって、外の繁華街に繰り出して、となると体力もお金も消耗してしまいますから、まずは家でゆっくりたまっていた本を読んだりDVDを見たり。ふだんはできなかったことに時間を費やし、いつもとは違うモードの自分になってみる、というのがおすすめです。

とはいえ、毎日、毎日が〝眠れない夜〟というのも、それはそれでしんどいものです。次の日、どうしても仕事があって、というときなどは、専門医のところで睡眠導入剤と呼ばれる薬を処方してもらうのもよいでしょう。これは従来のいわゆる睡眠薬のように危険なものではないので、決められた量をきちんと飲めば、快適な睡眠を得ることができます。

そして、よい眠りのためにいちばん大切なのは、一日24時間のリズムを取り戻すこと、というのは言うまでもありません。思い立ったときにいつでもスマホやタブレットでネットにアクセスして、メールしたり情報をチェックしたり、というのも現代的で悪くないのですが、やはり基本的には仕事や活動は明るいときに、暗くなったら活動はストップして寝る準備。

いくら21世紀とはいえ、これを完全に忘れるのは生き物としてちょっとまずいじゃないの、と私は思います。

後悔があるほど人生は味わい深い

――カヤマさんみたいに好きなように仕事ができたら、人生に後悔なんてないでしょ。

私のことをあまり知らない人から、そう言われることがあります。説明するのも面倒くさいので、そういうときは「そんなこともないですよ」などと笑ってごまかすのですが、後悔がないなんてとんでもありません。

ここであえて後悔の一部を列挙してみるとするならば、「〝精神科の町医者〟を目指して一般臨床を続けてきたが、もっと専門性を持つべきだった」「若い頃、何年かでも大学病院で研究したかった」「1年くらいは外国の病院で働きたかった」「年下の男性とも恋愛したかった」「子どもがいないのも残念」「両親の介護の計画を立てておくべきだった」「どうせマンションを買うならもっと便利な場所にすればよかった」「英語がまったくできないなんて」「この年で趣味がテレビゲームだけとは最悪」「水泳を習っておけばよかった」などなど。

仕事もプライベートもまさに後悔だらけなのが、私の人生なのです。

こんなことを口にすると、親しい友人はアドバイスしてくれます。

「そんなに後悔ばかりなら、せめてこれからでも間に合うことをなんとかすればいいじゃないの」

しかし、私は自分の人生を変えるつもりはありません。

実は私は、「あーあ、もっとこうすればよかったなあ」と悔やみ、ため息をつきながら、それを実現している人をうらやましげに見つめる、というのがそれほど嫌いではないのです。

というより、逆に思いがかなってまわりからも「すごいですね」などとほめられると、どうにも自分らしくない気がして、居心地も悪く落ち着きません。

40歳をすぎたあたりから、「手に入らなかったことを思って切ない気持ちになるのが、自分らしさかも」という気さえしてきました。

もちろん、誰もがこうやって開きなおり、「後悔こそがわが人生」と思えばよい、とすすめるわけで

はありません。とはいえ、何もかもが思い通りにいき、「もう一度、人生を送りなおすとしても、今とまったく同じでいい」などと言い切れてしまったら、人生はあまりに味気ないのではないでしょうか。

そういう人はおそらく、悔やんだり嫉《ねた》んだりしながら生きている人の気持ちもまったく理解することができず、周囲からは孤立してしまうでしょう。人間は、その強さではなくて、弱点や欠点をよりどころにして集まる傾向があるからです。

後悔や挫折や失敗がたくさんある人は、それだけ自分は人生のうまみを味わい尽くして生きているのだ、と思えばよいのです。そして世の中には、そういう深い心を持った人のための小説、音楽、映画などの芸術作品がたくさん用意されています。「私は、文学を理解するチケットを手にできたんだ」と思い、書店に出かけてみましょう。

私自身も、後悔がひとつ増えるごとに、「歴史の中で、私と同じ種類の悔し涙を流した人はほかにもきっといるはず」と思い、〝同志〟に出会えるのを楽しみに本屋に足を向けることにしています。樋口一葉、林芙美子、尾崎翠といった女流作家にも、そうやって出会ってきました。彼女たちも幸せいっぱいの人生を歩んだわけではありませんが、だからこそ多くの読者たちに「わかる、わかる」と共感され続けているのです。今では彼女らは、私の大切な〝後悔友だち〟です。

どんな悩みも
2週間で薄れる

これは、ちょっと医学的な話です。

よく人に、「うつ病とただの落ち込みの境目なんて、精神科医だってわからないんじゃないの」と言われますが、たしかに正確にはわかりません。ただ、判断の基準はいろいろとあります。

そのひとつが、落ち込みや悲しみの持続期間です。

医学的には、これらのネガティブな状態が2週間以上、薄れずに続いている場合は、うつ病を強く疑います。「えー、そんな単純なものなの」と思う人もいるかもしれませんが、これは多くのデータから出てきた数字です。一般的には、家族との死別、大失恋、がんの告知など、ひどく悪い状況に陥った人でも、2週間を境に心は少しずつ回復してくると言われています。

もちろん、本当の意味での回復にはもっと時間がかかりますが、少なくとも悲しくて苦しくてごはんも食べられない、涙が一日中、止まらない、というのは、2週間もたてばちょっとはましになってきます。失った人を思うと悲しい気持ちでいっぱいになるのに、ふと気がつくと、テレビのバラエティ番組にクスッと笑っている。そうやって薄皮をはぐように、苦しみが軽くなっていき、人の気持ちは立ち直っていくのです。人間の心は不思議なものだと思いますが、これはセレブでも一般の人でも、フランス人でも日本人でも、大人でも子どもでもだいたい同じです。

ところが、なかには2週間たとうが1カ月たとうが、そのできごとが起きた瞬間と同じような悲しみが続き、仕事も手につかず、からだもどんどん衰えて……という状態になる人もいます。「暗闇の中にも一条の光」という気持ちがいっこうにわいてこない、こういう場合は、「これはただのショックを通り越してうつ病の領域に入ったな」と考えるのです。

逆に考えれば、こういうことが言えます。人間の心には、どんな人でも必ず回復力が備わっていて、最低最悪の状態であっても2週間目を境に少しずつ立ち直っていく。おなかもすけば、おしゃれもしたくなる。もう解決のしようがない、という悩みにも答えのヒントが見えてきて、二度と消え去らないと思った悲しみもなんとなく和らいでくる。そして、「まあ、起きてしまったことは仕方ないし、これから私なりにやってみよう」と新しく歩いて行く生活も頭に浮かんでくるようになるものなのです。

それなのに、何カ月たっても全然、悩みが解決する兆しがない、というのは、それだけその悩みが深いからではなくて、うつ病が始まっている可能性がありますす。その場合は、専門医を訪れてきちんと治療をしてもらったほうがいいでしょう。

つまり、極端なことを言えば、すべての悩みは2週間もすれば解決が見えてくるか、さもなくば本格的なうつ病へと移り変わるか。どちらにしても、1カ月も2カ月もただの悩みのままとして自分を苦しめ続ける、などということはありえません。2週間はしっかり悩み、苦しみと向き合って、その後は、自分で解決へと向かうか、専門医に解決してもらうか、ふたつにひとつなのです。

もちろん、悩みの性質によっては、弁護士、社労士、福祉事務所の職員など、その道の専門家に尋ねたほうがよいこともあります。日本にはまだまだ、「自分の問題を他人に相談するのは恥ずかしい」と考える人がいるようですが、専門家はそのために存在するプロです。利用しない手はありません。そして相談すれば必ず、「ああ、あなたみたいな人はたくさんいますよ」と言うでしょう。それをきくだけでも、ほっとひと安心して気持ちが軽くなることもあります。

とにかく、「何としても、自分だけで耐えて何とかしなければ」と背負いすぎないことが大切。心の重荷は、まずは時間がたつのを待って、その後はうまく分担してほかの人たちにも背負わせることで軽くするのがコツです。

私もショックなことが起きたときは、「あと2週間、2週間」とつぶやきながら、まずは自然の回復力をゆっくり待つことにしています。

3章

誰とも割り切って
つきあう
人間関係術

上司と気が合わないときこそ成長のチャンス

昔も今も、職場の悩みのトップは人間関係。

「仕事のストレスで」と診察室に相談に来る中で、「職場の人間関係にはとても恵まれているのですが、仕事の量と内容がストレスなんです」という人はまずいません。いくら表面的な問題は「仕事」であっても、人間関係の悩みがまったくなければ、そこから精神科の診察室に来るほどのことには発展しないのです。

そこで、「じゃ、その人間関係の問題って何ですか」と尋ねたときに、いちばん多いのは「上司と気が合わなくて」という答え。上司がよくわからない指示を出す、感情的な人なので ついていけない、そもそも生理的に苦手なタイプだ、などなど。「気が合わない」というその理由は、さまざまです。

しかし、そもそも職場で「気が合う上司」に恵まれる機会などあるのでしょうか。「上司」というからには、その人は単に年が上なだけではなく、自分に指示を出したり注意をしたり評価を行ったりする存在です。

いくら趣味が同じでもルックスが素敵でも、友だちづきあいすることはできません。「えー、洋楽が好きなんですか?」と意気投合して話をしていたつもりなのに、いきなり「このあいだの書類だけど、ずいぶんミスが多かったよ。もっとしっかり見直してから提出しなさい」などと言われたら、かえって傷ついてしまうのではないでしょうか。私も〝一生の仲間〟と思っていた先輩から仕事の内容で厳しい指導を受け、ひどいショックを受けたことがありました。

　だとしたら、人間としてはあまり気が合わない上司のほうが、自分の感情を抑え、距離を置きながらつきあいやすい、とも考えられます。「なんかイヤな言い方。言葉づかいが乱暴な人って、イヤだな」と思っても、その感情的な部分は自分の中でばっさり切り落として、注意された内容だけを事務的に改善する。そうやって冷静に「相手が自分に求めていることは何か」だけを見ていくようにすれば、的確に仕事をこなしていくこともできるはずです。

　そしてもうひとつ、上司に好かれているか、嫌われているか、と「好き嫌い」の部分を気にするのはやめたほうがいいでしょう。

　上司は自分に仕事を与え、それを評価する役割の人であって、自分のお兄さんでも師匠でもありません。人間的に好かれてニコニコ笑顔を向けられれば悪い気はしないかもしれませんが、それと仕事とは何の関係もないのです。一度も笑顔を向けてくれなかったとしても、仕事で言われたことをきちんと理解し、こなして、「これでいいだろう」と言ってもらえれば、それでオーケー。これくらいの割り切りが必要です。上司は、一生をともにする家族でも親友でもあ

りません。「この人、なに考えて私にこんなことを言うんだろう?」とその胸のうちまで推測するのは、自分のエネルギーのムダ。そう考えて、まずは指示の内容のみをクールに抽出して、受けとめて実行。気が合わない上司とつきあうときは、自分も有能な〝ビジネスマシーン〟になったつもりで。

それに、感情におぼれるとそれがプラスの感情でもマイナスでも、仕事がうまくいかないことも少なくありません。だから、気が合わない上司に当たったときは、「よし、これで私もマシーンに徹して仕事に集中できるぞ。この数年はチャンスだ」とそのことをラッキーと思ったほうがよいでしょう。

気が合わない上司、イヤな上司、大歓迎。これくらいの寛大な心境になれれば、自分自身が上の立場になったときには、きっと「部下から慕われ信頼される上司」になれることも間違いありません。

異性の同僚とは演技で接する

企業や組織の多くは、いまだに〝男社会〟の雰囲気を引きずっています。しかし実際には、女性社員の割合はどんどん増加。女性の上司に男性の部下が従う、という構図も、めずらしくなくなりました。

相手が同性でも異性でも仕事の上では関係ない、と考える人がほとんどだとは思いますが、同性の社員どうしで飲みに行くと、「オンナの社員ってやつは……」「オジサン係長ってどうも話しづらくて」と異性へのグチが炸裂、という経験は誰にもあるのではないでしょうか。

とくに日本は、仕事の場に女性もあたりまえに加わるようになってから、まだ50年もたっていないのです。頭では「職場では男女の差はない」とわかっていても、長く続いた〝男社会〟の空気が本当に変わり、性別に関係なく誰もが自然に接したり働いたりできるようになるまでには、まだちょっと時間がかかりそうです。

では、それまではどうするか。

私は、いちばんいいのは、自分の頭の中でつくり上げたイメージ通りに演技するしかないのでは、と思っています。つまり、「若い女性の部下なんて、いったいどうやって注意していいかわからないよ」と思う30代の男性なら、病院が舞台の『ＥＲ』や犯罪捜査の現場が舞台の『ＣＳＩ：科学捜査班』などアメリカのテレビドラマシリーズを観てはどうでしょう。

　こういったアメリカのドラマでは男性も女性も同じ立場で仕事をしたり友情を育んだりしているのですが、そこで

の接し方などは日本のビジネスパーソンにとっても参考になると思います。つまり言うべきことはしっかり言い、支えるべきときはしっかり支える。

そして大切なのは、相手の人としての尊厳を傷つけるような言い方はしない、ということ。「これ、ちゃんと調べておいてくれなきゃ困るよ」と言っても、そのあとに「いつも完璧なキミらしくもない。疲れてるなら、ちょっと休暇を取ってカリブでエンジョイしてきたら?」といったフォローや、「どうしたんだい? 何か問題があったらいつでも言ってよ」といった問いかけも忘れない。

注意するときも、あくまで相手の実力ややる気を認めつつ、というのが原則です。相手をやり込めるためのみに怒鳴る、反論や弁解の余地も与えない、などというのは、言語道断。

もちろん、アメリカドラマのように「ヘイ、アマンダ。今日もごきげんかい? うーん、今日のファッションはまたイカしてるね」なんて歯が浮くようなことは言えない、と思う人もいるでしょうが、そこまで演技をしなくても大丈夫。ただ、「ダメじゃないか」のほかにちょっとひとこと、「キミには期待してるんだ」「いつものキミなら朝のコーヒーの前にできる仕事だぞ」といった相手を立てる言葉を忘れない。

「口に出して言わなくても、相手を大切に思っていることは十分わかるはず」「育てたいからこそ叱っているのだ」といった言い訳は、とくに職場の異性間では通用しません。そこの言い回しをドラマから学び、演技してみるのです。

いきなりそんなの無理、と思う人は、まずは妻やガールフレンドなどで練習してみてはどうでしょう。相手がいない、という人は、パソコンの画面に映し出されたアイドルの動画に向かってでもいいのです。

「演技」はウソや偽りだからよくないこと、などと思う気持ちは捨てて、ここは思いきって役者になりきってみる。これが、職場で異性の部下や同僚とうまくやるためのコツなのです。

部下に対して
良い顔をしすぎない

「会社のゆとり世代の社員たちにどう対応していいかわからなくて」

「平成生まれの異星人みたいな部下に指導するには、どうしたらいいの？」

ビジネスパーソンがよく口にする言葉です。そう言われると、私もつい、「本当だよね。学生と話していても突然、知らないタレントやお笑い芸人の名前とか言われて困ることが多くて」などと答えてしまいます。

しかし、「年下の部下とのつきあい方がわからない」と言っている人たちが、実は80年代生まれだったりすることもあるのです。私はなんと、1960年生まれ。年齢差としては、その彼らとゆとり世代より、私と彼らのほうがずっと大きいことになります。それなのに、20年も年が違う私たちが、口をそろえて「まったく平成生まれの人たちは」などと言っているのですから、よく考えればおかしな話です。

部下や後輩がわからない、と恐れている人の多くは、年下の彼らそのものが怖いのでしょうか。それは違います。

そういう人は、実は自分自身が年を取ることや、時代についていけないことを恐れているのです。その恐れや不安を目の前の若い人に投影して、「どう接すればいいのか」と怖がっているだけです。

だから、まずすべきなのは、自分の中の「時代についていけない」という不安を何とかすること。そのためには、日頃から必要な知識をインプットすることはもちろん大切ですが、「最新の情報を全部、知らなくたっていいんだ」とどこかで割り切ることも必要です。そうしておけば、たとえ自分の知らないことを部下が口走ったとしても、あわてずに「え、それ何のこと？　私は知らないんだけど、教えてよ」と言えるはずです。

こちらが堂々としていれば、部下が「オレのほうが進んでる」などという錯覚を持つこともありません。たしかに、年下の部下は自分の知らないバンドの名前やスマホの機種のことは知っているかもしれませんが、仕事上の経験や知識では年上の先輩には到底、かないません。常識や礼儀に関しても、まだまだ知らないことが多いでしょう。

頭ごなしに「上司は尊敬するものだ」と教え込むのも問題ですが、「オレのほうがたくさんのことを知っている」という自信を常にキープしていれば、へんに部下にこびを売ったり理解あるふりをして見せたりすることもなくなると思います。

とはいえ、自分がこれまで得意だと思っている分野で、「もう私の知識は古いんだ」と気づかされるとドキリとしてしまうこともたしか。私も、ゲームと

音楽の知識に関しては誰にも負けないつもりでいたのに、最近は学生の情報についていけないことも多く、ちょっとしたショックを受ける機会が増えました。とくに『ポケモンＧＯ』は、始めたはよいけど途中で何度もわからなくなってそのたびに学生に教えてもらい、あきれられました。

そういうときにはついムキになって、「あんたたちは初期のファミコンなんかやったことないでしょう」とか「私は82年のあの伝説の野外ロックコンサートに行った」などと昔の武勇伝を語って、優位を示そうとしてしまうこともあります。

でも、そうやって昔話を吹聴するのは、明治時代に「オレは日露戦争にも行った」と自慢して辟易《へきえき》されていた老人となんら変わりないかもしれません。そう反省して、若い人に対して劣等感も優越感も感じずに、知らないことは素直にきけばそれでいいんだ、と自分に言い聞かせています。

子どものことに夢中にならない

友人で長年、子ども向けの水泳教室のコーチをしている人が、「ここ10年でいちばん変わったのは、付き添いに来るパパが激増したということ」と言っていました。昔は、子どものけいこごとの付き添いと言えば母親に決まっていたのに、最近は父親も熱心に育児にかかわるようになってきたのでしょう。

それじたいはすばらしいことだと思うのですが、診察室で見ていると、わが子のことで一喜一憂しすぎる父親も増えてきたように感じます。これまではどちらかというと、「ウチの子、発達障害なんじゃないでしょうか」などとあせって相談に来るのは母親のほうで、父親は来ないか、あるいはいっしょに来てもあわてる妻を「ちょっとは落ち着いて」とたしなめる。そういう風景が一般的だったのですが、最近は違います。

母親もあせっているけれど、父親はもっとあせって「私は大学時代、心理学も勉強したんです！　娘は前思春期になって対象関係の問題がはっきりしてきて、これはやっぱり脳内モノアミンに問題がある発達障害ではないでしょうか！」などと、専門知識をめちゃくちゃにおりまぜながら畳みかけてくる、というケースが目立つのです。

また、子どもがいないという夫婦の場合でも、妻側は「まあ、夫婦ふたりの生活も悪くないし」と思っているにもかかわらず、夫のほうが「子どもがいないのは人間として失格では」などといつまでも悩んでいる、というケースが増えています。妻としては、そうやって悩んでいる夫を見ていると、自分が責め

られているような気になっていき、それが夫婦間のトラブルになる場合も少なくありません。

もちろん、子どもがいる、いないは人生の一大事ですし、子どもがいる場合は、その健康や教育は仕事以上の大問題です。とはいえ、基本的には、自分は自分、子どもは子ども。100パーセント、子どもが自分の思い通りになることはないし、その必要もないはずです。万が一、子どもが完全に自分の望む通りの成長を遂げてしまったら、親の側は自分自身がそれ以上、生きる意味を見失うかもしれません。「子どもって親の願い通りにはならないなあ。やっぱり自分のやりたいことは自分でやるしかないか」と思うからこそ、親の人生も充実するのです。

そしてもうひとつ、子どもの教育などに熱中する父親の中には、自分の妻には無関心、という人が少なくない、という傾向があるのも気になります。そこまで家族に熱心でいられるなら、妻にもあれこれ気をつかってもよさそうですが、なぜか子どもには夢中なのに妻のことはほったらかし。これでは、いくら育児に協力的とはいえ、妻としてはおもしろくないと感じても当然です。

基本的には、子どもに注ぐエネルギーがそれだけあったら、それは妻にまわすべきだ、と私は思います。なぜなら、子どもに「パパがいちばん愛しているのは、おまえじゃなくてママなんだよ」と教えるのも、父親の大切な仕事だからです。それを知ると子どもは一瞬、寂しく感じるかもしれませんが、「じゃ、私も早く大人になって、パパとママみたいな家庭をつくろう」と自立の意識を早くから育てることができます。いつまでも子どもがいちばん、いつまでもパパのそばにいて、という教育は、子どもにとっては居心地がよくても、決してプラスにはならないことを親は自覚すべきでしょう。

子どもは子ども。自分は自分。そして、あくまで自分のパートナーは、子どもではなくて妻。つけ加えると、もちろんパートナーは母親や姉でもありません。あたりまえに見えますが、そのことを忘れかけている男性が多いのが、最近とても気になるのです。

理想の夫婦にあこがれない

あるとき、70代の上品な婦人が診察室を訪れました。

最近、なんだか心臓がドキドキするのだが、循環器内科で調べても異常はなく、精神科で診てもらうように言われた、とのこと。「ストレス性の動悸だろう」と予想しつついろいろ質問すると、夫は大きな会社の元重役で、隣には娘一家も住んでおり、何不自由ない生活をしているようです。

いったい何がこの老婦人のストレスなのか。さらにあれこれときいていくと、どうも最大のストレスは仕事を退職した夫であることがわかってきました。夫はとてもまじめでいい人なのだけれど、一日中、家にいられるとどうしても息がつまる。

「食事の支度がたいへんなら外で食べてくるよ、と言ってはくれるのですが、昼どきになると何となくリビングのあたりをうろうろし始めるんです。そうすると、どうしても何かつくりましょうか、となるでしょう？　その無言のプレッシャーがなんとも……」

ため息をつく老婦人に、思わず苦笑してしまいました。

もちろん、その女性は夫のことを毛嫌いしているわけではなく、離婚を考えたことなどもないと思います。「愛していますか？」ときかれれば、「まあ……、愛していないということもないでしょうし……」と答えるでしょう。浮気も致命的なけんかもなく、子どもにも恵まれ結婚以来、半世紀もの関係を続けてきた幸福な夫婦でも、こういうことはあるのです。

まわりから見て最高に理想的な夫婦でも、内情を細かく探るとこうして「相手がうっとうしい」とストレス性の動悸が出現したり、ときには「いなくなってくれないかな」とつい望んでしまったり、ということがありうる、ということです。しかし、これ以上を望むのは、非現実的と言えるでしょう。

つまり、夫婦の場合、最高点は100点ではなく、82点くらいなのです。だから、50点でも十分、合格点。60点の場合は、大学の成績で言えば「マイナスA」くらいに相当します。

先ほど紹介した老婦人の場合は、ひと通りの話を聞き、「動悸がひどい場合にはお飲みください」とごく軽い安定剤を処方して、治療を終えました。おそらく安定剤を使う場面はないと思います。そして、しばらくすると「夫のせいで動悸がした」ということも忘れて、「いつまでも元気でいてね」などと思うような日もくるのではないでしょうか。

この「元気でいてね」と「どこかに消えてほしい」のどちらが本当の気持ちなのかは、それ以上、問い詰める必要はありません。おそらくいろいろな気持ちが浮かんでは消え、浮かんでは消え、全体としては何となく大きな問題もないまま、年月が流れる。これが夫婦というものではないか、と思うのです。

それを知っていれば、一瞬の感情で「もう別れる！」とか「別の相手とやりなおす！」と決めることもなくなるはず。まあ、あわてずに、ゆるやかな時間の中で、なんとなく様子を見る。とはいえ、「やっぱりこの人じゃない」と結論が出たときは、離婚といった選択もやむをえないと言えるでしょう。

その場合も、「次こそは100点の相手と理想の夫婦生活が送れるはず」とはゆめゆめ思わないこと。満点は、100点じゃなくて80点くらい。これを忘れてはどんな人と結婚しても、長続きは望めないでしょう。

親との関係は
サービス業と
割り切ろう

病院の診察室にやって来る人たちの悩みのトップは、昔も今も「人間関係」。なかでもいちばん多いのは、なんと言っても「親との関係で悩んでいる」という人です。もちろん、その内容は人それぞれで、「親に愛されなかった」という人もいれば、「親の干渉に耐えられない」という人も。40代の社会的地位のある人が「私より弟のほうが両親にかわいがられているんです」と涙ながらに訴えるのをきいたりすると、「ああ、親の前では子どもは何歳になっても子どもなんだなあ」となんだか感慨すら覚えます。また最近は、50代、60代になっても親との死別の悲しみを乗り越えられず、うつ状態に陥ってしまう人も少なくありません。

このように、親に愛されたとしても愛されなかったとしても、親との関係はなかなか「これで満足、問題なし」とはいかないのです。関係が近すぎる分、また長すぎる分、あれこれと感情的なもつれ、ねじれが出てきても当然、と考えたほうがよさそうです。

では、どうすればその厄介な親との関係をクリアできるか。答えはひとつ、なるべく距離を置くことしかないでしょう。「もっと愛してほしい」「もう放っておいてほしい」といった感情の波が襲ってきても、「オレは大人だ、がまんがまん」とそれをやりすごす。そしてなるべく関心を親からそらし、自分自身の家族や友人関係、趣味やペットなどにシフトさせるのです。

そんなこと言っても、ウチは親と同居だからとか、介護の問題が発生してとか、距離をうまく置けない人もいるでしょう。その場合は、「これは一種のサービス業」と割り切ることが大切です。たとえば、「自分は介護ビジネス業を営んでいて、この人はお客のひとりである」と自分に言い聞かせてみましょう。するとたいていのことは、「そうですね」とにこにこ笑顔できけるのではないでしょうか。多少、相手が無理なことを言っても、キレたりすることはなく、「それはちょっとむずかしいけれど、次の機会は考えるよ」などと冷静な対応ができるかもしれません。

介護ビジネスならお金も出るけれど、親との関係はそうじゃないからむずかしい、という反論がきこえてきそうですが、これはあくまで仮定の話。「もし

そうだったら」と想像するだけでも、感情の嵐はかなり落ち着くものなのです

　それからもうひとつ、今の自分にとって何が大切か、きちんと優先順位をつけておくことも必要です。たとえば、自分に妻や子どもがいて、今は家族の運営が何より大切、とわかっていれば、親とも割り切るところは割り切ってつきあえるはず。たとえ、親を優先にしなければならないときでも、妻に「今日は家族で

出かけようと思ってたのに、ちょっと親の様子を見に行かなければならなくなってごめんね」とやさしく説明することもできるでしょう。それを「親も大切、家族も大切」などとあいまいな態度を取っているから、妻に「何よ、お母さんの言うことばかりきいちゃって！」と言われると、つい感情的になって「うるさい！」などと怒鳴ってしまうのです。

もちろん、そうやってクールにつきあおうと思っていても、親との関係の中では対処に困ること、どうしても感情的になってしまう場面もたくさん出てくるでしょう。でもだからこそ、ふだんはなるべく「距離を置こう、これは私の人生なんだ」と自分に言い聞かせておくことが必要なのです。

親を放置してかえりみない人というのは、よくきくと実は心理的に非常に親に依存していて、弱った親、老いた親など見たくない、というタイプが少なくありません。心の距離をうまく保つことで冷静になり、こういった放置も防ぐことができます。親を大切に思うからこそ、ちょっと距離を置いて冷静に。これが永遠の課題、親子関係を賢くクリアするための最大のコツです。

親友には すべてを話さない

突然ですが、「あなたには親友がいますか」ときかれたら、何と答えますか。

私は、この質問には「いますよ」と答えるでしょう。中学と高校の同級生数人ずつが、私の親友です。

中学時代の親友とは、20年ほど会わなかった時代があり、40代になってから関係が復活しました。それ以降、年に1、2回、3人ほどで集まって会っていますが、あまりにブランクが長かったので、お互い現在はどんな生活なのか、親が元気なのかどうかも、よく知りません。とりあえず会って中学時代の思い出話をして、あとは突然、現在にワープして仕事の話などをして、それで時間が終わってしまいます。まあ、あと10年くらいしてみんな仕事を定年退職したら、ゆっくり温泉にでも旅行に行こうか、ということになっているので、そこでまた話せばいいと思っています。

高校時代の親友たちとはもう少しコンスタントに会い続けていますが、それでもお互い知らないことがたくさん。結婚したり子どもがいたり、中には孫がふたりもいたりする人もいるのですが、家族にはまったく会ったことがありません。ときどき冗談で、「あなたって結婚して子どもがいる、ってことになっているけれど、よく考えたら見たこともないし。あなたのただの妄想なんじゃないの」「そういうあんただって、医者だなんてウソなんじゃないの」などとからかい合っています。そこでの話題は、昔話と今の映画の話が多いでしょうか。いつも集まるメンバーの中に、熱狂的な映画マニアがいるので、みんなで「今のおすすめは?」ときくことにしているのです。

このように、それぞれ知らないことがたくさんある関係を、世間では親友とは言わないようです。よく考えれば、中学の友人も高校の友人も、向こうは私のことを「親友」とは定義していないかもしれません。とはいえ、定期的に会って楽しい時間はすごせるわけですから、どう定義されているかなど、私にとってはどうでもいいのです。

だいたい、もし彼女たちとお互いの家族のことや心の深いところまですべてを共有し合っていたら、あまりに関係が重くなってしまい、かえって長続きしなかったような気がします。「私、結婚したんだ」と言っていた人が、数年後に会ったときは「子どもが生まれた」、次に会ったときは「離婚しちゃって」。それに対してみんなが「ふーん」と受け流す、という軽い感じと中立的なスタンスが、長続きの秘訣だと私は思っています。そこでもし、その配偶者までよく知っていたとしたら、とても中立的には返事ができず、「えー、あんないいダンナさんと離婚するなんてヒドい！　あんたが悪いんじゃないの！」などと感情的になり、結局はその友情にもひびが入ってしまうかもしれません。

もし本当に胸のうちを全部、打ち明けたかったり、夫婦や家族の問題を全面的に相談したかったりしたら、それは親友にではなくて、プロのカウンセラーや必要な場合は占い師にすべきです。私のような〝心の専門家〟も、今は世の中にたくさんいるのですから。

親友は、遠きにありて思うもの。これが私の友だちづきあいの原則です。

もちろん、本当に困ったことがあったときは、長いあいだのつきあいの私の〝遠い親友〟たちも、真剣に力になってくれるはず。そう信じつつ、これからも彼女たちと薄い関係を楽しもうと思っています。

4章

ひとりでもできる、人生を謳歌する方法

人生に
勝ちも負けもない

ある会社が、男の子を持つ親に「わが子にどんな人のように育ってほしいか」というアンケートを取ったら、一位がイチローで二位が坂本龍馬だったそうです。いま活躍中の人と歴史上の人物が混ぜこぜになり何がなんだかわかりませんが、要は偉人と呼ばれる人になってほしい、ということでしょうか。

もちろん、こんなアンケートを真に受ける必要もないのですが、親から「イチローのようになるのよ」と言われて育つ子どもがいたとしたら、とても気の毒な気がします。プロ野球選手になるのさえ至難のワザなのに、さらにそこで日本一、世界一にならなければならないなんて。考えるだけで気の遠くなるような話です。

もし、イチローや坂本龍馬に「あなたのように子どもを育てたい親が多いのですが」ときいたら、何て答えるでしょう。

「無理だよ」と言われるか、「やめたほうがいい」と言われるか。私は案外、後者のような気がするのです。

それは、診察室でときどき〝勝ち組〟と呼ばれる人たちに会う機会があるからです。イチローほどではなくても、会社を経営している、セレブ妻となってぜいたくな生活を送っている、ダンサーとして大きな舞台で活躍している……。そばにいる誰もが「いいなあ、ああなってみたいものだ」とうらやましがるような人たちですが、本人は「つらい、つらい」と言うのです。

まず、この〝勝ち〟の状態を維持するのがつらい。

まわりからやたらとうらやましがられるのもつらい。

そして、いつ実力や人気、財力がなくなるか、と思うとさらにつらい。

「こんな生活、手に入れなければよかった」と吐き捨てるように言う人もいます。「じゃ、やめれば？」と突っ込みたいところですが、一度、それなりの地位を手にすると、よほどのことがない限り、人はそれを手放す勇気を持てないものなのです。

もちろん、彼らも勝ち組になった瞬間は、「やった！」と大喜びしたでしょう。しかし残念ながら、その達成感の喜びはあっという間に消えて行ってしまうようです。

そんな人たちの相談を受けながら、私は、負け惜しみでもなんでもなく、「ああ、ふつうでよかった」と思います。

本とか書いているしあなたはふつうじゃないでしょう、と思う人もいるかもしれませんが、私の場合、多くの医者が持っている医学博士号をまだ持っていないとか、子どももいないとか、エステにもジムにもハワイにも一度も行ったことがないとか、実は人生におけるマイナスポイントが異常に高いのです。だから、少しくらい本を書いたり講演をしたりして目立っているように見えても、冷静に差引きすると「並」あるいは「並の下」あたりになってしまいます。これは、実際の私をよく知る友人、医者仲間なら、誰もが納得してくれることです。

もちろん、時には「このたびクリニックを開業しました」「外交官の夫とパリに住むことになって」といった同世代の知人、友人からのメールにあせりを感じたり、本を出してもまったく売れず編集者に「まあ、出版不況ですから」などと慰められて申し訳なく思ったり、それなりにこんな自分にコンプレックスを感じることもあります。でも、そんなときは自分に言い聞かせるのです。「人生がバラ色の人、出す本がベストセラーになる人の喜びなんて、今だけかもしれない。あの人たちだっていつかは、ああ、こんなに成功するんじゃなかった、となげくことだってあるかもしれない。一瞬の気分だけで勝ち負けを決めるのは、意味のないことなんだ」

そして、もうひとつ、自分に言い聞かせることにしています。

「今日、帰りの電車の中で、人生を変えてくれるような人に出くわすかもしれない」

そう、私たちの人生はわざわいやつらさとも隣り合わせですが、逆にハッピーなこと、ラッキーなこととも同じように隣り合わせです。「仕事も恋人も失って、もう生きていくのもイヤだ」とうなだれて診察室を出て行った人が、次の週、晴れやかな顔でやって来ることもあります。

「先週ここに来た帰り、ロビーで名前を呼ばれてびっくりしたら、何と小学校の同級生だったんですよ。彼は今、会社を経営していて、経理ができる人を探していたんですって。私でどう？　と思いきって言ってみたら、その場で採用が決まりました。それに彼ってまだ独身で、なんと初恋の人が私だったんですって……。人生って何があるか、わかりませんねぇ」

本当に、人生には何があるかわからない。

何が起きても対処できるように、日頃からある程度の準備をしておくことは必要です。でも、あとは運を天にまかせて、「どうにかなるさ」の精神でゆったりと暮らしたいもの。一瞬一瞬の結果で、「勝った」「負けた」と判定して有頂天になったり落ち込んだりするのは、まったく時間と心のエネルギーの無駄としか言いようがない。

健康法に
とらわれすぎない

健康でありたい、体力をつけたい、というのは、誰にとっても共通の願いだと思います。とくに、仕事でがんばる人にとっては、「からだが資本」というのは合言葉なのではないでしょうか。

それを受けてか、書店には「○○健康法」「病気を防ぐ食事」といったテーマの本があふれ、深夜のテレビショッピング番組では「からだにいいサプリメント」はいつも売れ筋の定番のようです。

週刊誌にも必ずと言ってよいほど、スポーツ選手や作家、芸能人がその人ならではの健康法を語るページがあります。私は医者ということもあり、ときどきそういうページからインタビューを申し込まれることがありますが、多くの場合は断っています。

なぜなら私は、まったくと言ってよいほど健康に気をつけていないからです。生活は不規則で、スポーツや体操もやっていません。実は、スポーツジムなるところには、生まれてから一度も足を踏み入れたことがないのです。

食事にはさらに気をつけておらず、食べたいものを食べたいとき、食べられるときに適当に口にするだけ。とくに朝は昔からギリギリまで寝ているので、朝食はものごころついてからほとんど摂ったことはありません。

さすがに体重に関しては一年に何回かは測り、増えているなと思ったらしばらくはチョコレートを控えたりしますが、そのほかの栄養バランスは考えたこともありません。コンビニ食やファストフードも大好きで、添加物や塩分、糖分もかなり口にしていると思われます。極端な場合は、一日朝から何も食べず、夜、眠る直前に菓子パンやおせんべいをまとめて食べておしまい、という日もあります。

こんな滅茶苦茶な生活ですが、私はかなり丈夫で、もう何年も病気で仕事を休んだことはありません。カゼも滅多にひかず、職場の健康診断の血液検査はいつも「異常なし」。もちろん、この先、がんなどの疾患に見舞われることもあるかもしれませんが、それは誰にも一定の確率で起きることなので仕方ない、と思っています。

では、どうして私はこれほど健康に無頓着《むとんちゃく》なのか。

最大の理由は、私の性格が大ざっぱで面倒くさがりだからです。それは私だって、炭水化物中心の食事よりはきちんとビタミンやミネラルが摂れる食事のほうがよい、とは思っています。でも、おなかがすくとつい、「これから野菜を切ったり炒めたりするのは面倒だなあ。またコンビニのおにぎりでいいか」となってしまう。

そしてもうひとつの理由は、精神科医としての経験に基づいたものです。多くの人を見る中で私が発見した原則があります。それは、「人間の健康に最もよくないのは、ストレスである」ということ。

とくに私のようにもともと健康や食事にあまり気を使わないタイプの人間にとっては、「毎日、運動しろ」「三食、栄養を考えた食事にしろ」と言われるのは、それだけでたいへんなストレスです。本当はハンバーガーが食べたいのに、「健康に悪いから」と玄米や野菜中心の食事を摂らなければならないとしたら、それもストレスになるはずです。いくら運動をして健康によいといわれる食生活を送ったとしても、常にストレスを感じながら暮らしていては、からだはどんどん不調に陥っていくでしょう。

だとしたら、好きなものを食べ、運動したくないときはせずに、ストレスから解放されて生きるほうがよほど健康にはプラスなのではないでしょうか。

もちろん、「いや、私は運動や食生活への配慮は全然、ストレスにはならない」という人は、おおいに健康に留意した生活を送ればいいのです。ただ、巷《ちまた》で評判のサプリメントやトレーニング法を過信しすぎるのはよくありません。「この商品を購入したお客様の90％が、健康がアップしたと満足しています！」といったCMは、医学的にはかなり大げさで怪しいと言わざるをえません。「なかには効果があった人もいる」という程度に考えたほうがよいでしょう。

つまり、健康法は、ストレスを感じずにできる範囲で。これが最大の原則です。しかも、何がストレスになるのかは、人によってまったく違います。

私の知人には「毎日、20キロは走らなければからだがおかしくなる」というランニングマニアもいて、その人にとっては「運動をしないこと」がストレスになるのでしょうし、逆に私は1キロでも走るのはストレス。〝ストレスのない健康生活〟とは、知人にとっては何時間も走る生活であり、私にとってそれはまったく走ることのない生活、それくらいの違いがあるのです。

あるとき、ベストセラーになった健康法に関する本の著者に会う機会がありました。その場にいた読者のひとりが「先生のあの本、私、愛読して実践してます。本の通りにやってみたら、とても健康になりました」と感激して言うと、著者は「ああ、あれね。私は今は、あそこに書いてあることなんてひとつもやっていませんよ。あんなことをやるなんて、無理ですよね」とあっさり笑い飛ばしたのです。

その健康法の信奉者はちょっとがっかりした顔をしていましたが、健康法なんて案外そんなものかもしれません。

「自分にとってこのくらいがいちばんよさそう」という基準を見つけることができたら、それをゆるゆるとやってみる。むずかしいかな、と思ったら、また基準を変えてみる。このくらいがよいのではないでしょうか。

趣味はあっても
なくてもよい

どんな簡単なアンケートにも、必ずと言ってよいほど「趣味」を書く欄があります。それで自分が評価されるわけではないので気軽に書き込めばよいのですが、私はいつもそこではたと悩んでしまいます。

正直に書くとすれば、私の趣味は「プロレス観戦」と「ゲームとマンガ」、それと「ペットのイヌやネコと遊ぶこと」です。それ以外には何ひとつ好きなことなどありません。ただ、いずれも40代後半の医者の趣味と呼ぶには、ちょっと情けなく恥ずかしいもののような気がします。だから多くの場合は、「趣味…特にナシ」あるいは「読書など」と書いてごまかしています。

では、この年齢と職業にふさわしい趣味とは何か。「ゴルフ」「海外の美術館めぐり」「ヨットでクルージング」などでしょうか。同世代の同業者が何を趣味にしているのかもわからないほど私は彼らとつきあいもなく、仕事が終われば即、家に帰って、プロレスのビデオなどを見ながらネコたちをおもちゃでからかったりして夜をすごしているのです。

しかし、よく考えれば、趣味に「人に言えるもの」と「ちょっと恥ずかしくて言えないもの」があることじたい、おかしなことです。趣味は、人に話して「へえ、それはすごい」と言われるためにやるものではないはずですから。

「趣味がない」と言っている多くの人も、私と同じように、好きなことはあるのに「趣味として大声で言うのはちょっと」と思っているのではないでしょうか。街を歩きながらきれいな女性をウォッチング、満員電車で隣の人が読んでいる新聞をちらちら読む、公園に落ちているマンガ本を昼休みにパラパラ見る。こんなことも実は十分、気晴らし、癒しの効果を持っているのです。もちろん、法律に触れたり社会のルールに反したりすることはよくありませんが、そうでない範囲なら、何だって「マイ趣味」と考えてよいはずです。

世の中には、恥ずかしいとかかっこ悪いとか気にせずに「私の趣味は、とにかくギャンブルです」などと堂々と言える人もいますが、誰もが「マイ趣味」を口にしなければならないわけではありません。おそらく私も、まだしばらくは「趣味はゲームくらいですね。しかも暴力性の高いゲームが大好きで」などと人前で公言する度胸は持てそうにありません。当分は、公式プロフィールに

「趣味はとくにナシ」と記し続けるでしょう。

しかし、「趣味はナシ」を恥じる必要はないのです。高尚で高級な趣味がなくても、自分なりの気晴らしや癒しがあれば、それでまったく問題はありません。それで何かまずいことになりそうなら、「散歩」「音楽鑑賞」といった無難なものをあてはめておけば、それでよいと思います。

「音楽鑑賞、なんて書いて、〝どんな音楽？〟と突っ込まれたら困る」と考える慎重な人は、「趣味は、ただいま探し中！」と書くことをおすすめします。そうしたら相手は、「趣味をお探しですか。私は囲碁が好きなんですが、いかがですか。囲碁というのは……」などと勝手に話し始めるでしょうから、あとは「なるほど」などと相づちを打っておけばいいでしょう。

ひとに言える趣味がないことくらいで気に病んだりするのは、まったく意味のないことです。誰もが一流の趣味を持つべき、という世の中のほうがおかしいのだ、と考えて、こっそりと送る「マイ趣味の生活」、堂々と送る「無趣味の生活」を楽しむことにしたいものです。

天職がなくても
生きていける

私は「天職」という言葉が苦手です。

だいたい「仕事」とか「職業」という言葉が何かを強制されているようで好きではないのに、それに「天から与えられた」といった意味がさらにつくと、なんだかそれだけで緊張してしまって、近寄るのもイヤな気分になるのです。

とはいえ、「今の仕事は天職」と堂々と言える人はうらやましい、という気持ちもあります。

以前、エッセイストの知人と話していると、彼女が突然、「まあ、この仕事は天職ですね」と言い出しました。何でも小学生の頃から「将来の目標」をきかれると、「作家」と答えるほど文章を書くのが好きだったのだそうです。彼女は自分のペースでゆったり仕事をしているように見えましたが、それはおそらく、「天職だからこそこの仕事をじっくりやろう」と思っていたからなのでしょう。

もちろん、彼女のように「天職だ」と思うことが心の余裕を生み、じっくり仕事に向き合う覚悟をつくってくれるなら、それはそれでよいのです。ただ私のように、「今の仕事は天職ですか？」と質問されるとたんに心に緊張が走り、「そこまで覚悟を持って働いているわけではないし……」と考え始めてしまうタイプは、あえてこの仕事が天職なのかどうか、などといったことにこだわらなくてもよいのではないでしょうか。

私の場合はいつも、「いくらの宝くじに当たったら病院をやめるだろうか」などと自分に問い続けています。すると、「数百万でもやめたい。当選してやめるかも」と思ったり、まれに「いや、5000万でもやめないぞ」と思ったり、その基準がまちまちなのがわかります。ということは、たとえ「これぞ天職」と思っても、そのときの気分や仕事の状態で、気持ちはあれこれ揺れることでしょう。だから、あれこれ考えても仕方ないのです。

それに、もし「精神科医の仕事は天職」などと思ってしまったら、その時点で「だから絶対にやめることは許されないのだ」と自分にプレッシャーをかけ、結局は長続きしないような気もします。逆に「どうせ天職なんかじゃないし」とラクな気持ちでやっているからこそ、ちょっとした挫折や失敗にもめげず、

「ま、こんなものでしょ」と続けていくことができるのだと思います。

自分にプレッシャーをかけ、追い込まれなければよい仕事ができない、という人は、思う存分、「今の仕事こそ私の天職なんだ！」と熱く燃えて打ち込んでほしいと思います。しかし、私のように「緊張したり追い詰められたりすると逆に萎縮して働けなくなる」というタイプは、「天職かどうかなんてわからないし、気にしない」というスタンスのほうが楽しく働けるのではないでしょうか。

私も、「いつやめたってオーケー」という気楽な姿勢で仕事を続け、気がついたらもう30年も精神科医をやっています。「やっぱりこれこそ天職だったのだ」と人生を終えるときに気づくのでしょうか。もしかするとそのときになって、「しまった、私の天職は幼稚園の保育士だった！」と突然、気づくかもしれませんが、それはそれでちょっとマヌケで愉快な人生だったと思います。

それとも、そのときになってもまだ、「精神科医なんて、宝くじで1000万が当たったらすっぱりやめてやる……」と思っているでしょうか。

そう思いながらこの世を後にする、その可能性がいちばん高い気がします。

モテない人生にこそ味がある

最近の20代、30代にとっては、異性にモテるかどうかというのが、大問題のようです。

もちろん、私が若かったときもみんなひそかに異性の目を気にはしていました。しかし、どうすればモテるか、といった情報はほとんどなかった。だからこそ、１９７６年に創刊された男性誌『ポパイ』は80年代後半になってさかんにデートマニュアルを載せ、部数を伸ばしたのです。とはいえ、そのときも、当時の大人たちは「最近の若者は、女性にモテることしか考えていないのか」と嘆いていたのを記憶しています。

ただ、当時と現在の違いをひとつあげるとすれば、昔の若者もモテたかったけれど、モテないからといってそれだけで周囲からバカにされたり自信を失ったりすることはなかった。

たとえば、「仕事ひとすじで、気づいたら恋愛も結婚もしないまま40歳に」と言う人に対して、まわりは「立派じゃないか」とその生き方を認めたものです。私の小学校や中学の担任にも〝仕事ひとすじ〟タイプのシングルがいましたが、「それだけ教育に打ち込んでいる」と保護者からの信頼は厚かったと思います。

さらに、モテずにいつまでもひとりでいることを、「独身貴族」などと開き直って肯定的に評価するような単語さえありました。この人たちは「その気になれば恋人なんかいくらでもいるけれど、優雅にひとりの生活を楽しみたいからそうしているだけさ」と本気にせよ、ただのポーズにせよ、まわりに言っていたわけですが、社会もそれを生き方の選択のひとつとして認めていたものです。

ところが最近は、「モテない」というのはそれだけで人間性や生活力に問題があるように見られ、少なくともプラス評価につながることはないのではないでしょうか。いくら仕事ができても、恋人がいない、いつまでも独身ということで、肩身が狭い思いをしている人もいるようです。

もちろん、恋人やパートナーがいるのはすばらしいことですが、実はそこで失うものもたくさんあることに今どきの人は気づいているのでしょうか。たとえば、先ほど触れたような〝仕事ひとすじ〟の生活は、相手がいるだけでできなくなります。いや、自分は妻がいても〝仕事ひとすじ〟だ、などと言っている人もいますが、それは相手にとって失礼なことです。

また、失恋や孤独を扱った小説や映画などの芸術作品を、本当の意味で味わうこともできなくなるでしょう。もしかすると、人の心の痛みに対しても鈍感な人間になってしまま

うかもしれません。

その点、今モテていない人は、より心が繊細な状態にあり、弱い人や傷ついている人の心にも敏感でいられるはずです。仕事や趣味で豊かで個性的な発想力がわいてくるのも、たいていは恋人がいない時期です。知人の男性は、「恋人ができたとたん、競馬の馬券がまったく当たらなくなった」と嘆いていましたが、幸福によって微妙な直感力が鈍ってしまったのだと思われます。

このように、恋人がいないからこそ、モテないからこそできること、わかることが、世の中にはたくさんあるのです。それをみすみす逃す手は、ありません。モテない時期に突入したら、「今こそチャンスがやって来た！」と考えて、たくさん仕事をして、ひとりでしか味わえない芸術作品を堪能して、そして直感を働かせて大きな賭けにも出てみてください。私もそうしています。その期間があまりに長すぎるのが問題ですが。

体力低下は成熟の証

私の場合、40代をすぎて50代に突入した頃から、楽しいはずの友だちの集まりが〝体力低下自慢大会〟になってきた気がします。

「昔は徹夜も平気だったのに今じゃ休日は寝たきり」「駅まで走るだけでゼイゼイした」『女性から二次会どうですか、と誘われたのに疲れがひどくて断った」などなど、どんなに体力が低下したかを、みんな実に楽しそうに語っているのです。そこに女性が加わると、「しわが増えちゃって」「まつげに白髪を発見してショック」など美容に関する老化の話も多くなります。

その様子を見ながら感じるのは、「30代後半まではこうはいかなかったよなあ」ということ。その頃は、「私はまだまだ上り調子」とばかりに、やたらと自分の体力や美貌などを吹聴する人が多かったように思います。「このあいだ娘の高校の保護者会に出るのにタクシーに乗ったら、運転手さんに『あの高校の生徒さん？』と間違えられちゃった」など、ほとんどありえないような〝若さ自慢〟をする人もいました。

それが、そのときから10年たって50の声をきく頃になると、「私って若くない」

と認め、口にできるようになるのですから、人間とはつくづく不思議なものだと思います。

　自分自身のことを振り返ってもそう思うのですが、この〝体力低下、老化自慢〟ができるようになったのは、開き直りの気持ち半分、本当の意味での自信半分、というところなのでしょう。つまり、ただ「どうせもう年だから」とあきらめて開き直っているだけではなく、「自分の人生、もうだいたいは大丈夫」という自信がようやくでき上が

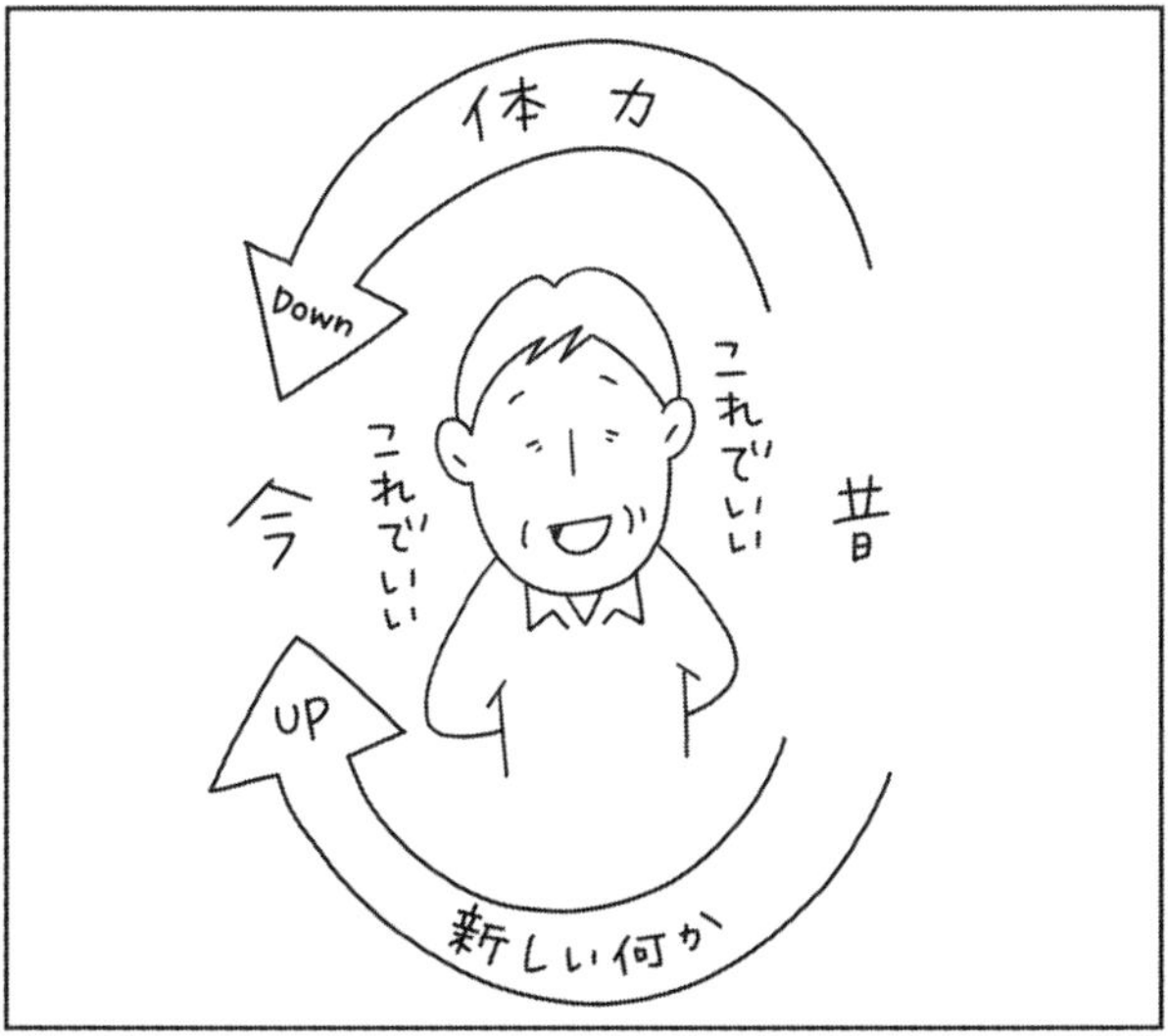

ったために、「体力や若さだけでウケているわけではない」と認めることができるようになったということです。

とはいえ、そうは言われても、まだ20代、30代の人は、「50代になったら本当にそんな境地になれるの？」と信じられないかもしれません。そして、ちょっとでも体力低下のきざしが出てきただけで、「もう自分も若くないのか。いよいよこれから下り坂か」といった不安で胸がいっぱいになり、あせりを感じる人もいるでしょう。

もちろん、運動不足や不摂生が原因で起きる体力低下までを、「これもまた人生」と悟りの境地で受け入れなさい、と言っているわけではありません。ただ、年齢による自然な体力低下の場合は、必ずそれと引き換えに、経験、精神力、人格などがパワーアップしているはずなのです。そこに目をやらずに、ただ「あれー、以前は休みの日も朝から飛び回っていたのに、なんでこんなに眠たいんだろう。オレももう年か」とがっかりする必要はない、ということです。

私の仲間たちのように体力低下を自慢し合うことはありませんが、からだの衰えを感じ始めたら、「お、これはそのかわりに自分の中で何がパワーアップしているサインだ」と考えて、その〝何か〟を探してみるようにしてはどうでしょう。何もアップせずにただ体力だけが下がる、ということはまずありません。

ちなみに私の場合は、40代になったとき、30代までの体力と引き換えに、ちょっとした社交性を手に入れたのではないか、と感じました。30代まではとにかく新しい人に会うのがおっくうで、何かの集まりに出かけるくらいなら家で黙々と仕事をしていたほうがいい、と思っていたのですが、40代になってそんなに仕事にエネルギーを注げなくなると、かわりにいろいろな会合やちょっとしたパーティに出かけてみようかな、という気が生まれてきたのです。そして、50代になると、「ああ、新しいことはもういいかな」となんだかすがすがしい気持ちになれました。

体力低下は、別の何かがアップしたサイン。そう思って、自分を点検しなおしてみるのはどうでしょう。

同窓会を楽しめる
ようになったら
一人前

私はすでに50代後半、60歳はすぐそこです。

「えー、ゴジュウロクサイ？　悲惨だねえ」と学生たちは同情してくれるが、長く生きているとそれなりに発見もあり面白いものです。

たとえば、数年前から高校、大学時代の同窓会がやたらと増えた、というのもそのひとつ。

卒業した医大などこれまでほとんど同窓会らしきものはなかったのに、このところは学年全体のものが毎年、小さな集まりは年に年度も開かれています。幹事によれば、「医者は40代半ばまでは手術だ、研究だと忙しいけれど、さすがにこの年齢になると管理職になって時間に余裕ができるんだよね」ということだが、私はこれは理由の一部でしかないと思います。

では、40代後半になると同窓会が増える本当の理由とは何か。

それは、「人生、結局ならせば勝ちも負けもない」ということにようやくみんなが気づくからです。

30代までは、医大の同級生のあいだでも、何かと競争や比較がありました。「あいつは教授にかわいがられていて留学が決まった」とか「都心に大きな病院を建てた」とか。さらに女性のあいだでは、結婚できたとかできないとか、子どもが有名私立中学に入ったとか落ちたとか、そんなことも比べ合いの対象になります。

医大は各学年一クラス制ですから人間関係も濃く、中でカップルができたり壊れたりもしていました。だから30代までは、同窓会の通知を受け取っても、「私と別れた後、トモミちゃんと結婚したヨシくんも来るんだよね？　まだ顔を見る自信はない……」と出席をためらう人もいたはずです。

ところが、ある程度の年になると、そんなことはどうでもよくなります。

30代で教授に見込まれていた人も、その後、医局の汚職事件に巻き込まれて今ではへき地の病院でひっそり働いていたり、大病院の院長が若くして脳梗塞になって病院を人にゆずっていたり、かと思うと当時はうだつが上がらないと思われていた同級生が、今では〝神の手〟と呼ばれてテレビで頻繁に取り上げられていたり。

まして、恋愛や家族がらみのゴタゴタに関しては、何がよくて何が悪かったのか、もうさっぱりわからなくなっています。数年前までは子どもの受験で目の色を変えていた同級生たちが、私に「大学生になると子どもなんて親を忘れちゃうのよ。あなたのように、いっそ子どもがいないほうがシンプルで楽しい人生かもね」などと言い出す始末です。

このように、途中、途中では山あり谷あり、人がうらやましく見えたり自分がみじめに見えたりするけれど、最終的にならせば幸せの総量も不幸せの総量も、だいたいみな同じ。それに気づくと、ようやくわだかまりも嫉妬もなくなって、「なつかしい顔ぶれで集まろうか」という気持ちになれるわけです。

でも、私自身、30代のときに先輩から「人生はならせばみな同じ」などと言われても、なかなか信じることはできなかったでしょう。

「やっぱり人によって差はあるよ」と思って、「成功している友だちの顔を見たくない」と同窓会に出たくない気分だったときも、こののんびり屋の私ですらありました。やはりこの年齢になったからこそ、「なんだ、みんな同じじゃないか」と心から思えるのです。

だから、今はまだ競争ロードにいる人は、「先はいっしょだから」などと考えずに「あいつには負けたくない、がんばろう」と思って努力してほしい。でも、「なんだかみんなのほうがずっと先に行っちゃってるんじゃないかなあ」「あいつのほうがずっと幸せ度が高い感じ」と落ち込み気味の人は、ぜひ自分に言い聞かせてほしいと思います。「幸せの総量は決まっている。ならせば誰でもだいたい同じ」と……。

若い人は、「そんなの信じられない！」と思うでしょうが、きっと今の私くらいの年齢、50代に突入した頃に、「ホントにそうだなあ」と笑いながら実感する日が必ずやって来ると思います。そのときが来たら、クラス会や同窓会を活発に開いて、〝昔セレブ〟や〝昔エリート〟たちとおいしいお酒をくみかわしましょう。

みんな最後は同じ

あとがき

先日、診察室に小学校で教えている現役の先生がやって来ました。その人の悩みは、ちょっと変わっていました。

「私、10年この仕事をやって、やっぱり自分が子ども好きじゃないことに気づいたんです。もともと教育学に興味があって大学に進み、自然に先生になったのですが、校長先生から〝自分の肉親だと思って子どもたちを愛してください〟と言われても、どうしてもそんな気になれなくて……。私って教師失格でしょうか」

いろいろ聞いてみると、その人は教育学には今も熱い関心を持っており、日々、専門誌などを読んで、新しい教育法の実践などにも取り組んでいるということ。もちろん、子どもたちにもしっかり向き合い、保護者や同僚からは〝熱心ないい先生〟と思われているようです。

「それなら、何の問題もないじゃないですか」

私はそう言いました。

子どもをどれくらい愛しているか、そんな抽象的なことの測定はできません。そこにこだわるよりも、現実に何をどうやっているかのほうが、ずっと大切です。「作り笑顔で最新の教育を実践、それこそがプロじゃないですか」と言うと、先生は驚いたようなほっとした表情になりました。

心を込めて仕事をしろ、自分を真剣に成長させろ、日々の鍛錬で人間力を上げろ。

ビジネス関係の自己啓発本に並んでいるフレーズは、みなきれいごとばかりです。そんな本を目にするたび、私はため息をつきたくなるのです。

「そうできる人はすりゃいいけど、そんなことできない人だってたくさんいるよねー」

そう、私もまさにそのひとり。

私は、子どもの頃から切磋琢磨とも向上心とも無縁の真性グウタラ人間です。でも、大人になったら働いて生活していかなきゃならない。だから、自分をおだて甘やかし、大事なことも先のばししながら、だましだまし何とかこれまで仕事を続けてきました。

そんな自分にずっとコンプレックスを抱いてきましたが、45歳をすぎたあたりからちょっと考えが変わってきました。だましだましのグウタラ仕事人生も、20年以上、続けられたらそれはそれで誇ってもいいのではないか、と。

そして今回、グウタラ人間の私がこれまでどうやって仕事を続けてきたかを中心に、世間の自己啓発本とはまったく違う「下向き仕事術」の本を書いてみることにしたのです。

企画から完成まで、ビジネス社の担当さんにはたいへんお世話になりました。執筆もグウタラ精神でなかなか進まない私を辛抱強く支えていただき、ありがとうございました。この場を借りてお礼をお伝えします。

さあ、みなさんどうだったでしょう。

自分にやさしく、イヤなことはすぐ忘れ、都合のいいことだけを考えて、こまめに休みながら気楽に生きて、働くための仕事術。またご感想などをおきかせください。ただし、ゆっくりでいいですよ。

香山リカ

[著者略歴]

香山リカ（かやま・りか）

1960（昭和35）年、北海道生れ。東京医科大学卒業。精神科医、立教大学現代心理学部映像身体学科教授。豊富な臨床経験を活かし、現代人の心の問題を中心に、政治・社会評論、サブカルチャー批評など幅広いジャンルで活躍、さまざまなメディアで発言を続けている。
近著に『さよなら、母娘ストレス』（新潮社）、『ノンママという生き方』（幻冬舎）など多数。

漫画／森海里

人生が劇的に変わるスロー思考入門

2017年4月1日　　第1刷発行

著　者　香山 リカ
発行者　唐津 隆
発行所　株式会社ビジネス社
〒162-0805　東京都新宿区矢来町114番地 神楽坂高橋ビル5F
電話　03(5227)1602　FAX　03(5227)1603
http://www.business-sha.co.jp

〈印刷・製本〉中央精版印刷株式会社
〈装丁〉尾形忍（スパローデザイン）
〈本文DTP〉茂呂田剛（エムアンドケイ）
〈編集担当〉本田朋子　〈営業担当〉山口健志

ISBN978-4-8284-1944-2

日本教の社会学

戦後日本は民主主義国家にあらず

山本七平
小室直樹……著

定価　本体1900円＋税
ISBN978-4-8284-1923-7

政治・経済・宗教など英知を尽くした
白熱対談、待望の復刊！

どうして日本は奇妙キテレツな社会で、日本人は外国人と理解しあえないのか？　その理由は、日本に「宗教」と「論理」が存在しないからだ。そう喝破した「山本学」を社会的に整備して、すぐ理解でき、誰にでも使えるようにするために実現したのが本書である。秀逸で後世に残すべき1冊、『日本教の社会学』（1981年、講談社）再刊行。

本書の内容